VERSCHOLLENE MEISTER DER LITERATUR

I. MEISTER ECKHART

KARL SCHNABEL
(AXEL JUNCKERS BUCHHANDLUNG)
BERLIN 1903.

MEISTER ECKHARTS MYSTISCHE SCHRIFTEN

IN UNSERE SPRACHE ÜBERTRAGEN
VON GUSTAV LANDAUER

KARL SCHNABEL
(AXEL JUNCKERS BUCHHANDLUNG)
BERLIN 1903.

Druck von Paß & Garleb
Berlin W. 35. . . . .

Inhalt.

II. Traktate.

III. Fragmente und Sprüche.

Vorwort.

Mit der Freiheit, die Liebe und Verehrung gibt, habe ich in dieser Ausgabe der Mystischen Schriften Meister Eckharts alles weggelassen, was uns nichts sagt. Meister Eckhart ist zu gut für historische Würdigung; er muss als Lebendiger auferstehen.

Johann Eckhart oder Eckehart ist zwischen 1250 und 1270 wahrscheinlich in Hochheim bei Gotha geboren. Er war Prior des Dominikanerordens in Erfurt und Vikar in Thüringen; 1300 an der Pariser Universität; 1304 Provinzialprior von Sachsen, 1306 Generalvikar von Böhmen, 1314 Magister und Professor der Theologie in Strassburg, später in Köln, 1317 wird er nach Frankfurt versetzt. 1326 leitet der Kölner Bischof v. Ochsenstein den Inquisitionsprozess gegen ihn ein; er appellierte an den Papst und beeilte sich 1327 zu sterben. 1329 erschien eine päpstliche Bulle, in der 26 Sätze Eckharts als ketzerisch verdammt wurden.

Die Lehrer, auf die er sich hauptsächlich

stützt, sind: Dionysius Pseudareopagita, Augusti-
nus, Thomas von Aquino; vermutlich hat er auch
die verbotenen Schriften des Scotus Erigena ge-
kannt. Durch Dionysius berührt er sich mit den
Lehren der Neuplatoniker. Thomas und der ganze
Geist seiner Zeit verbindet ihn mit den „Realisten", so dass er wie sie die letzten und leersten
Abstrakta für konkrete Dinge hält. Anderseits
bringt ihn aber das auch dazu, die Gattung und
Art als eine höhere Wirklichkeit anzusehen als
die Individuen; so hat er starke Vorahnungen
— trotz ganz primitiver Naturkenntnisse — der
Theorieen, die teils infolge, teils entgegen den
Lamarck-Darwinschen Aufstellungen bei uns im
Werden sind.

Er ist ebensosehr Erkenntnistheoretiker und
Kritiker als Mystiker. Er ist Pantheist, aber fast
im umgekehrten Sinne als das, was man seit
Spinozas Wiedererweckung darunter versteht. Dieser letztere Pantheismus löst — nicht im Sinne
Spinozas freilich — den Gottesbegriff in der ma-
teriellen Welt auf; Eckhart dagegen löst die Welt
u n d den Gott in dem auf, was er manchmal Gottheit nennt, was unaussprechbar und unvorstell-
bar ist, was aber jedenfalls etwas jenseits von
Zeit, Raum und Individualisierung und etwas
Seelenhaftes ist. An die Stelle des Dinges setzt
er eine psychische Kraft; an Stelle von Ursache

und Wirkung ein Fliessen. Sein Pantheismus ist Panpsychismus; zugleich aber erklärt er, nicht zu wissen, was die Seele sei. Seine Mystik ist Skepsis; freilich aber auch umgekehrt.

Die christlichen Dogmen und Ueberlieferungen haben für ihn fast nur symbolische Bedeutung; nur erlaubt es ihm der Zeitgeist nicht zu fragen, wie es mit dem Verhältnis dieser Symbole zur Wirklichkeit bestellt sei. Die in der Kirche üblichen Vorstellungen betrachtet er als einer niedrigeren Stufe angehörig; aber es gelingt ihm nicht zu erkennen, dass diese Vorstellungen überhaupt keine Realität haben; vielleicht wird die Zukunft von unserm Verhältnis zu gewissen wissenschaftlichen Begriffen einmal dasselbe sagen. — Manchmal übrigens hat auch — wie wohl noch später bei Spinoza — die Vorsicht seine Einkleidung wählen helfen.

Er ist der Schöpfer der deutschen wissenschaftlichen Prosa und einer ihrer grössten Meister. Immer schreibt er als Sprechender, immer persönlich; nie fehlt der begrifflichen Darlegung der Gefühlston, und ebensowenig seinem Gefühlsüberschwang und seiner Versenkung ins abgründlich Dunkle der Zügel der Nüchternheit. Das Fernste hat er uns nah gebracht; das Nächste und gewöhnlich Scheinende hat er uns entfremdet, fragwürdig gemacht und vertieft. Er war ein

Dichter, der aufs grösste aus war und dem grössten gewachsen. Perioden findet man bei ihm, die zum Hinreissendsten gehören, was irgend in Sprachen zu finden ist.

Seine Syntax, die er sich vermutlich vielfach im Anschluss an die gesprochene Sprache selbst geschaffen hat, habe ich nach Möglichkeit beizubehalten gesucht; ebenso wäre es verfehlt, an Stelle seiner technischen Ausdrücke, die er nach dem Muster lateinischer Scholastik hergestellt hat, die uns geläufigen blutlosen Wissenschaftsausdrücke zu setzen; bei ihm hat alles Farbe, Temperament, Ursprünglichkeit; seine Ausdrücke sind des Metaphorischen noch nicht entkleidet, sind noch nicht ausgelaugt; sie schaffen sich ihren Sinn erst während der Rede. Vielfach aber war es doch wieder nötig, die von ihm aus der Sprache der Wissenschaft in die Volkssprache übersetzten Termini wieder zurückzuübersetzen, damit das scharf in die Augen springt, was mich an dieser Ausgabe das Entscheidende dünkt: dass Meister Eckhart in all seiner Genialität nie ein mystizierender oder moralisierender Pietisterich war, dass er sich nie süsslicher Gottesminne ergeben hat, dass er nie perverser Askese gefröhnt hat: sondern dass er ein kühner Erschütterer war, der Hirne wie der Herzen, einer, der um die Welterkenntnis gerungen hat und der, lebensfreudig und urkräftig, die Grenzen der Sprache als ein Wissender überschritt, um jenseits seines Ichbewusstseins und des Begriffsdenkens stark und innig in der unsagbaren Welt zu versinken.

* * *

Das allermeiste, was von ihm überliefert ist, ist für uns völlig wertlos geworden, da es nur logisches Wortgetiftel ist, das damals die Naturwissenschaft ersetzen musste, weil es an Beobachtungen und Kenntnissen fehlte. Wenn man bedenkt, wie viele angeblich philosophische, naturwissenschaftliche, medizinische Bücher aus der ersten Hälfte des 19. Jahrhunderts uns völlig unlesbar und Theologie geworden sind, wird man das besser verstehen, als wenn man glaubt, die Scholastik sei eine Spezialität des Mittelalters gewesen. Die folgende Auswahl bietet also etwa den fünften oder sechsten Teil dessen, was auf uns gekommen ist. Nichts, was Bedeutung hat, ist weggelassen.

Die Abteilung: Fragmente habe ich selbst geschaffen; es sind Bruchstücke aus Predigten, die im übrigen die Uebertragung nicht lohnten. — Die Titel der einzelnen Stücke stammen meist von mir; die mittelhochdeutsch überlieferten dürften auch nicht von Eckhart selbst gewählt sein.

An dieser Stelle philologisch über meine Weglassungen und Textauslegung Rechenschaft zu geben, ist nicht meine Absicht, weil es für den Leser keinen Wert hätte. Wer meine Uebersetzung kritisch prüfen will, kann von mir Auskunft erhalten.

Eine ausführlichere Einleitung wäre entweder nur eine geschickte Gruppierung dessen, was in längst vorhandenen Werken zu lesen ist; oder sie wüchse sich zu einer Geschichte der Erkenntniskritik des Mittelalters aus. Das könnte ein wunderschönes Buch werden, das sehr not tut; aber zunächst kann ich nur wünschen, dass ich es einmal schreiben werde. Dem Leser empfehle ich einstweilen, Jundts „Histoire du panthéisme populaire au moyen âge" zu lesen; daraus wird er erfahren, dass unser Meister nicht vom Himmel gefallen ist, sondern von einer starken Zeitströmung getragen wurde.

Etliche Bemerkungen zu Einzelheiten finden sich am Schluss des Buches.

Hermsdorf (Mark).

Gustav Landauer.

I.

Predigten.

Vom Schweigen.

Wir begehen das Fest von der ewigen Geburt, die Gott der Vater geboren hat und ohne Unterlass in der Ewigkeit gebiert, während dieselbe Geburt jetzt in der Zeit und in der Menschennatur sich ereignet. Der heilige Augustin sagt, diese Geburt geschehe immer. So sie aber nicht in mir geschieht, was hilft es mich dann? Denn dass sie in mir geschehe, daran liegt alles.

Wir haben ein Wort des Weisen: „Da alle Dinge mitten in einem Schweigen waren, da kam in mich von oben hernieder von dem königlichen Stuhle ein verborgenes Wort." Von diesem Wort soll diese Predigt handeln.

„Inmitten des Schweigens ward mir zugesprochen ein verborgenes Wort." Ach, Herr, wo ist dies Schweigen und wo ist die Stätte, in der dieses Wort gesprochen wird?

Es ist in dem Lautersten, das die Seele aufweisen kann, in dem Edelsten, in dem Grunde,

ja, in dem Wesen der Seele! Das ist das Mittel:
Schweigen; denn da hinein kam nie eine Kreatur oder ein Bild, und die Seele hat da nicht
Wirken noch Verstehen, und weiss kein Bild davon, weder von sich selbst noch von irgend
welcher Kreatur.

Alle Werke, die die Seele wirkt, wirkt sie
mit den Kräften. Alles, was sie versteht, versteht sie mit der Vernunft. Wenn sie denkt, tut
sie es mit dem Gedächtnis. Wenn sie begehrt,
tut sie es mit dem Willen, und dergestalt wirkt
sie mit den Kräften und nicht mit dem Wesen.
All ihr Wirken nach aussen haftet immer an einem
Mittel. Die Kraft des Sehens bewirkt sie nur
durch die Augen, anders kann sie kein Sehen
bewirken oder zu stande bringen. Und ebenso
ist es mit allen andern Sinnen. All ihr Wirken
nach aussen bewirkt sie durch ein Mittel. Aber
in dem Wesen ist kein Werk, daher hat die Seele
im Wesen kein Werk als die Kräfte, mit denen
sie wirkt, die fliessen aus dem Grunde des
Wesens, oder vielmehr: in diesem Grunde ist
das Mittel Schweigen, hier ist allein Ruhe und
eine Wohnung für diese Geburt und für dieses
Werk, dass Gott der Vater allda sein Wort spreche,
denn dieses ist von Natur nur dem göttlichen
Wesen ohne irgend ein Mittel zugänglich. Gott
geht hier in die Seele mit seinem Ganzen, nicht

mit seinem Teil. Gott geht hier in den Grund
der Seele hinein. Niemand rührt an den Grund
der Seele als Gott allein. Die Kreatur kann nicht
in den Grund der Seele, sie muss in den Kräften
aussen bleiben. Da mag sie ihr Bild betrachten,
mit Hilfe dessen sie eingezogen ist und Her-
berge empfangen hat. Denn jedesmal, wenn die
Kräfte der Seele mit der Kreatur in Berührung
kommen, nehmen und schöpfen sie Bilder und
Gleichnisse von der Kreatur und ziehen sie in
sich. Auf diese Weise entsteht ihre Kenntnis von
der Kreatur. Die Kreatur kann nicht näher in
die Seele kommen, und die Seele nähert sich
jeder Kreatur nur dadurch, dass sie zunächst
willig in sich ein Bild empfängt. Und von dem
gegenwärtigen Bild aus nähert sie sich den Kreaturen, denn das Bild ist ein Ding, das die Seele
mit den Kräften schöpft. Mag es ein Stein, ein
Pferd, ein Mensch oder was immer sonst sein,
das sie kennen lernen will, immer nimmt sie das
Bild hervor, das sie von ihnen abgezogen hat,
und auf diese Weise kann sie sich mit ihnen
vereinigen. Aber immer wenn ein Mensch auf
diese Weise ein Bild empfängt, muss es notwendigerweise von aussen durch die Sinne hereinkommen. Darum ist der Seele kein Ding so unbekannt, wie sie sich selbst. Es sagt ein Meister,
die Seele könne von sich kein Bild schöpfen oder

abziehen. Darum kann sie sich selbst ganz und
gar nicht kennen lernen. Denn Bilder kommen
alle durch die Sinne herein: daher kann sie kein
Bild von sich selbst haben. Daher kennt sie alle
andern Dinge, nur sich selber nicht. Von keinem
Ding weiss sie so wenig, wie von sich selbst,
um des Mittels willen. Und das müsset ihr auch
wissen, dass sie innen frei ist, und ohne alle
Mittel und Bilder auskommt, und das ist auch
die Ursache, dass sich Gott frei mit ihr vereinigen kann ohne Bilder oder Gleichnisse. Du
darfst das nicht lassen, du musst die Möglichkeit, die du einem Meister zugestehst, Gott ohne
alle Schranken zugeben. Je weiser aber und
mächtiger ein Meister ist, um so unmittelbarer
geschieht auch sein Werk und um so einfacher
ist es. Der Mensch hat viele Mittel in seinen
äussern Werken; bis er diese Werke hervorbringt,
wie er sie in sich gebildet hat, dazu gehört viel
Vorbereitung. Die Meisterschaft und das Werk
des Mondes und der Sonne sind Erleuchten; das
tun sie gar schnell. Sobald sie ihren Schein
ausgiessen, in demselben Augenblick ist die Welt
an allen Enden voller Licht. Aber über ihnen
ist der Engel, der bedarf noch weniger der Mittel
für seine Werke und hat auch weniger Bilder.
Der alleroberste Seraphim hat nur noch ein
Bild. Alles was die unter ihm Stehenden in

Mannigfaltigkeit wahrnehmen, nimmt er in einem wahr. Aber Gott bedarf keines Bildes und hat auch kein Bild: Gott wirkt in der Seele ohne alles Mittel, Bild oder Gleichnis, ja, tief in dem Grunde, wo nie ein Bild hinkam, als er selbst mit seinem eigenen Wesen. Das kann keine Kreatur tun.

Wie gebiert Gott Vater seinen Sohn in der Seele? Wie die Kreaturen tun, in Bildern und in Gleichnissen? Wahrlich, nein! sondern: ganz in der Weise, wie er in der Ewigkeit gebiert, nicht minder und nicht mehr. Ja freilich, wie gebiert er da? Merket auf. Seht, Gott Vater hat eine vollkommene Einsicht in sich selbst und ein abgründliches Durchkennen seiner selbst, ohne jedes Bild. Und so gebiert Gott Vater seinen Sohn in wahrer Einsicht göttlicher Natur. Seht, in derselben Weise und in keiner andern gebiert Gott der Vater seinen Sohn im Grunde der Seele und in ihrem Wesen und vereinigt sich also mit ihr. Denn wäre da irgend ein Bild, so wäre keine wahre Einheit da, und an der wahren Einheit liegt all ihre Seelheit und Seligkeit.

Es kann gefragt werden, ob diese Geburt besser im Menschen geschehe und vollbracht werde, wenn er sein Werk tue und sich so in Gott hineinbilde und hineindenke, oder wenn er sich in einem Schweigen oder in einer Stille und in einer Ruhe halte und so Gott in ihm spreche und wirke, wenn er also allein auf· Gottes Werk in ihm warte?

Ich weise darauf hin, meine Reden und Werke sind allein guten und vollkommenen Menschen gewidmet, in denen vor allem das würdige Leben und die edle Lehre unseres Herrn Jesu Christi lebendig ist. Die sollen nun erfahren, dass das Allerbeste und Alleredelste, wozu man in diesem Leben kommen kann, das ist, dass du schweigest und Gott allda wirken und sprechen lässest. Wo alle Kräfte von allen ihren Werken und Bildern abgezogen sind, da wird dies Wort gesprochen. Darum sprach er: „Mitten im Schweigen ward zu mir das heimliche Wort gesprochen." Und darum, so du alle Kräfte allermeist einziehen kannst und in ein Vergessen aller Dinge und ihrer Bilder geraten, die du je in dich zogst, und je mehr du der Kreatur vergissest, um so näher bist du diesem und um so empfänglicher. Könntest du aller Dinge zumal unwissend werden, ja könntest du in ein Unwissen deines eigenen Lebens kommen, wie es Sankt Paulus geschah, als er sprach: „Ob ich in dem Leib war oder nicht, das weiss ich nicht, Gott aber weiss es wohl" — da hatte der Geist alle Kräfte so ganz in sich gezogen, dass er des Körpers vergessen

hatte, da wirkte weder Gedächtnis noch Verstand, noch die Sinne, noch die Kräfte; ebenso
geschah es Moses, da er die vierzig Tage auf
dem Berge fastete und doch nicht schwächer
wurde — so sollte der Mensch allen Sinnen ent-
weichen und all seine Kräfte nach innen kehren
und in ein Vergessen aller Dinge und seiner
selber kommen. In diesem Sinne sprach ein
Meister zur Seele: zieh dich zurück von der Un-
ruhe äusserer Werke, flieh also und verbirg dich
vor dem Gestürm äusserer Werke und inwendiger
Gedanken, sie schaffen nur Unfrieden.   Aber
wenn Gott sein Wort in der Seele sprechen soll,
muss sie in Friede und Ruhe sein, und dann
spricht er sein Wort und sich selbst in der Seele,
nicht ein Bild, sondern sich selbst. Dionysius
spricht: Gott hat kein Bild oder Gleichnis
seiner selbst, denn „gut" oder „wahr" gehört zu
seinem Sein. Gott wirkt alle seine Werke in sich
selbst und aus sich selbst in einem Augenblick.
Du darfst nicht glauben, Gott habe, als er Himmel
und Erde und alle Dinge machte, heute eines
gemacht und morgen das andre. Zwar schreibt
Moses so. Er wusste es gleichwohl viel besser:
er tat es nur um der Leute willen, die es nicht
anders verstehen und fassen konnten. Gott tat
nicht mehr dazu als das eine: er wollte und sie
wurden. Gott wirkt ohne Mittel und ohne Bilder.

2*

Je mehr du ohne Bild bist, je mehr du seines Einwirkens empfänglich bist, und je mehr du in dich gekehrt und selbstvergessen bist, um so näher bist du diesem.

Hierzu ermahnte Dionysius seinen Jünger Timotheus und sprach: Lieber Sohn Timotheus, du sollst mit unbekümmerten Sinnen dich über dich selbst hinausschwingen und über alle deine Kräfte und über Weisen und über Wesen in die verborgene stille Finsternis, auf dass du zu einer Erkenntnis des unbekannten übergöttischen Gottes kommest. Es muss ein Wegsehen von allen Dingen sein. Gott verschmäht es in Bildern zu wirken.

Nun könntest du fragen: was wirkt denn Gott ohne Bild im Grund und im Wesen? Das kann ich nicht wissen, denn die Kräfte können nur in Bildern wahrnehmen und müssen alle Dinge in ihrem eigenen Bild wahrnehmen und erkennen. Sie können nicht einen Vogel in eines Menschen Bild erkennen, und darum, da alle Bilder von aussen hereinkommen, ist es ihr verborgen, und das ist das allernützlichste. Denn Unwissen bringt sie zum Wundern, und bewirkt es, dass sie diesem nachjagt, denn sie findet wohl, dass es ist, sie weiss nur nicht, wie und was es ist. Wenn aber der Mensch die Ursache der Dinge kennt, sofort ist er auch der

Dinge müde und sucht wieder ein .andres zu
erfahren und hat doch immer einen Jammer,
diese Dinge zu wissen und hat doch kein Dabei-
bleiben, darum: die unerkannte Erkenntnis hält
sie bei diesem Bleiben und lässt sie doch nicht
zur Ruhe kommen.

Davon sprach ein heidnischer Meister ein
schönes Wort zu einem andern Meister: Ich
werde etwas in mir gewahr, das glänzet in meiner
Vernunft; ich merke wohl, dass es etwas ist,
aber was es sei, das kann ich nicht verstehen,
aber es dünkt mich, wenn ich es begreifen könnte,
dann kennte ich alle Wahrheit. Da sprach der
andere Meister: Wohlauf, dem folge nach! Denn
könntest du es begreifen, so hättest du alles Gute
beisammen und hättest ein ewiges Leben. In
diesem Sinne sprach auch Sankt Augustin: Ich
werde etwas in mir gewahr, das meiner Seele
vorspielt und vorschwebt: würde das in mir
vollendet und befestigt, das müsste ewiges Leben
sein. Es verbirgt sich und tut sich doch kund;
es kommt aber auf eine verstohlene Weise, als
wolle es der Seele alle Dinge nehmen und stehlen.
Aber damit, dass es sich ein wenig zeigt und
offenbart, wollte es die Seele reizen und nach
sich ziehen und sie ihres Selbst berauben und
benehmen. Davon sprach der Prophet: „Herr,
nimm ihnen ihren Geist, und gib ihnen dafür

deinen Geist." Das meinte auch die liebende
Seele, als sie sprach: „Meine Seele zerschmolz
und zerfloss, als die Liebe ihr Wort sprach: als
sie einging, da musste ich hinschwinden." Das
meinte auch Christus, als er sprach: „Wer etwas
um meinetwillen lässt, der wird hundertfältig
wieder nehmen, und wer mich haben will, der
muss auf sich selbst und auf alle Dinge ver-
zichten, und wer mir dienen will, der muss mir
folgen, er darf nicht dem Seinen folgen."

Nun könntest du sagen: Wahrlich, Herr,
ihr wollt den natürlichen Lauf der Seele umkehren!
Ihre Natur ist, dass sie durch die Sinne wahrnimmt und in Bildern; wollt ihr die Sache umkehren? Nein! Was weisst du, was für Rang-
stufen Gott in die Natur gelegt hat, die noch
nicht alle beschrieben sind, ja, die noch verborgen
sind? Denn die von den Stufen der Seele
schrieben, waren noch nicht weiter gekommen,
als ihre natürliche Vernunft sie trug; sie waren
nicht auf den Grund gekommen, daher musste
ihnen viel verborgen sein und blieb ihnen unbekannt. Alle Wahrheit, die die Meister je lehrten
mit ihrer eigenen Vernunft und ihrem Verstand
oder in Zukunft lehren bis an den jüngsten Tag,
die verstanden nie das mindeste von diesem
Wissen und diesem Verborgenen. Wenn es schon
ein Unwissen heisst und eine Unerkanntheit, so

hat es doch mehr in sich drinnen als alles Wissen und Erkennen von aussen: denn dies Unwissen des Aeussern reizt und zieht dich von allen Wissensdingen und auch von dir selbst. Das meinte Christus, als er sprach: „Wer sich nicht selbst verleugnet und nicht Vater und Mutter lässt und alles was äusserlich ist, der ist meiner nicht würdig." Als ob er spräche: Wer nicht alle Aeusserlichkeit der Kreaturen lässt, der kann in diese göttliche Geburt weder empfangen noch geboren werden. Ja, wenn du dich deines Selbst beraubst und alles dessen, was äusserlich ist, dann findest du es in Wahrheit. Zu dieser Geburt verhelfe uns Gott, der neu geboren ist in Menschengestalt, dass wir armen Leute in ihm göttlich geboren werden, dazu verhelfe er uns ewiglich. Amen.

2.

Vom Unwissen.

„Wo ist, der geboren ist als König der Juden?" — Höret nun, wie diese Geburt vor sich geht.

Die ewige Geburt bringt allewege grosses Licht in die Seele, denn es ist die Art des Guten, dass es sich ergiessen muss, wo immer es ist. In dieser Geburt ergiesst sich Gott mit solchem Licht in die Seele, dass das Licht so gross wird im Wesen und im Grunde der Seele, dass es sich hinausschleudert und in die Kräfte und auch in den äussern Menschen überfliesst. Dieses Lichtes wird der Mensch wohl gewahr. Stets wenn er sich zu Gott kehrt, gleisst und glänzt in ihm ein Licht und gibt ihm zu erkennen, was er tun und lassen soll, und viel gute Lehre, wovon er vorher nichts wusste und verstand. „Woher weisst du das?" Merk auf. Dein Herz wird mächtig angefasst und von der Welt abgekehrt. Wie anders könnte das geschehen als durch diese

Erleuchtung? Die ist so zart und wonnig, dass dich alles verdriesst, was nicht Gott oder göttlich ist. Sankt Augustin sagt: Es gibt viele, die Licht und Wahrheit gesucht haben, aber nur immer draussen, wo sie nicht war. Und dann sind sie zuletzt so weit abgekommen, dass sie nimmermehr heim und nicht mehr hineinkommen. Wer also Licht finden will und Unterscheidung aller Wahrheit, der warte auf diese Geburt in sich und im Innern und nehme ihrer wahr: so werden alle Kräfte und der äussere Mensch erleuchtet. Denn sowie Gott das Innere mit der Wahrheit berührt hat, so wirft sich das Licht in die Kräfte und der Mensch versteht alsdann mehr als ihm jemand lehren könnte. Daher spricht der Prophet: „Ich habe mehr gewusst als alle, die mich je lehrten."

Hier erhebt sich eine Frage. Da Gott Vater allein im Wesen und im Grund der Seele gebiert und nicht in den Kräften, was geht es die Kräfte an? Was soll ihr Dienst hier, dass sie sich herbemühen und feiern helfen sollen! Wozu ist das not, da in den Kräften nichts geschieht? Das ist gut gefragt. Aber beachte die folgende Unterscheidung. Eine jede Kreatur wirkt ihr Werk um eines Zweckes willen. Der Zweck ist jederzeit das erste in der Meinung und das letzte im Werke. Daher beabsichtigt Gott mit allen

seinen Werken einen seelischen Zweck, das heisst:
sich selbst, und will die Seele mit all ihren
Kräften zu ihrem Zweck führen, das heisst: zu
Gott selbst. Darum wirkt Gott all seine Werke,
darum gebiert der Vater seinen Sohn in der
Seele, dass alle Kräfte der Seele zu ihrem Zwecke
kommen. Er trachtet nach allem was in der Seele
ist, und ladet es alles zur Bewirtung und zu
Hofe. Nun hat sich aber die Seele mit den
Kräften nach aussen zerteilt und zerstreut, jede
in ihr Werk: die Sehkraft in das Auge, die Kraft
des Gehörs in das Ohr, die Kraft des Schmeckens
in die Zunge, und daher sind ihre Werke um
so weniger im stande inwendig zu wirken: denn
jede zerteilte Kraft ist unvollkommen. Darum
muss sie, wenn sie inwendig kräftig wirken will,
alle ihre Kräfte wieder heimrufen und sie von
allen zerteilten Dingen zu einem inwendigen
Wirken sammeln. Sankt Augustin sagt: Die
Seele ist mehr, wo sie liebt als wo sie dem Leib
Leben gibt. Ein Gleichnis: Es war einmal ein
heidnischer Meister, der hatte sich der Rechen-
kunst zugewandt, und sass vor Stäben und zählte
sie und ging seiner Wissenschaft nach. Da kam
einer und zog sein Schwert (er wusste nicht, dass
es der Meister war) und sprach: „Sprich schnell,
wie du heissest, oder ich töte dich." Der Meister
war so sehr in sich gekehrt, dass er den Feind

nicht sah noch hörte, noch merken konnte, was
er wollte. Und als der Feind lange und viel
gerufen hatte und der Meister immer noch nicht
sprach, da schlug ihm jener den Kopf ab. Dies
war um eine natürliche Kunst zu gewinnen. Wie
ungleich mehr sollten wir uns allen Dingen ent-
ziehen, und alle unsere Kräfte sammeln, um die
einige, grenzenlose, ungeschaffene ewige Wahrheit zu schauen und zu erkennen! Hierzu sammle
alle deine Vernunft und all dein Nachdenken:
kehre das in die Tiefe, worinnen dieser Schatz verborgen liegt. Wisse, wenn dies geschehen soll,
musst du allen anderen Werken entfallen und
musst in ein Unwissen kommen, wenn du dies
finden willst.

Es erhebt sich wieder eine Frage. Wäre es
nicht angemessener, dass eine jede Kraft ihr eigenes Werk behielte, und dass keine die andre
an ihren Werken hindre, und dass sie auch Gott
nicht an seinen Werken hindre? In mir kann
eine Art kreatürliches Wissen sein, das nichts
hindert, wie Gott alle Dinge ohne Hindernis
weiss, wie es bei den Seligen der Fall ist. Nun
achtet auf den folgenden Unterschied. Die Seligen sehen in Gott ein Bild, und in dem Bild
erkennen sie alle Dinge, ja Gott selbst sieht überhaupt nur in sich und erkennt in sich alle Dinge.
Er braucht sich nicht von einem zum andern zu

wenden, wie wir es müssen. Wäre es so bestellt in diesem Leben, dass wir allezeit einen
Spiegel vor uns hätten, in dem wir in einem
Augenblick alle Dinge in einem Bilde sähen und
erkennten, so wäre uns Wirken und Wissen kein
Hindernis. Da wir uns nun aber von einem zum
andern wenden müssen, darum können wir uns
nicht bei dem einen aufhalten ohne Hinderung
des andern. Denn die Seele ist so ganz ver-
bunden mit den Kräften, dass sie mit ihnen überall hinfliesst, wo sie hinfliessen, denn bei all den
Werken, die sie wirken, muss die Seele dabei
sein und zwar mit Aufmerksamkeit, sie vermöchten
sonst mit all ihrem Wirken ganz und gar nichts.
Fliesst sie also mit ihrer Aufmerksamkeit äusserlichen Werken zu, so muss sie notwendigerweise
um so schwächer bei ihrem inneren Werke sein,
denn zu dieser Geburt will und muss Gott eine
ledige, unbekümmerte, freie Seele haben, in der
nichts sein darf als er allein, und die auf nichts
und auf niemanden warten darf als auf ihn allein.
Das meinte Christus, als er sprach: „Wer etwas
anderes liebt als mich, und Vater und Mutter
und diesen anderen Dingen gut ist, der ist meiner
nicht wert. Ich bin nicht auf die Erde gekommen, um Friede zu bringen, sondern das
Schwert, auf dass ich alle Dinge abschneide, und
den Bruder, das Kind, die Mutter, den Freund

von dir trenne, die fürwahr deine Feinde sind." Denn was dir lieb ist, das ist fürwahr dein Feind. Will dein Auge alle Dinge sehen und dein Ohr alle Dinge hören und dein Herz aller Dinge gedenken, so muss wahrlich von all diesen Dingen deine Seele zerstreut werden.

Darum spricht ein Meister: Wenn der Mensch ein inwendiges Werk wirken will, so muss er all seine Kräfte in sich ziehen, wie in einen Winkel seiner Seele, und muss sich verbergen vor allen Bildern und Formen, und da kann er dann wirken. Da muss er in ein Vergessen und in ein Nichtwissen kommen. Es muss in einer Stille und in einem Schweigen sein, wo dies Wort gehört werden soll. Man kann diesem Wort mit nichts besser nahen als mit Stille und mit Schweigen: dann kann man es hören und alsdann versteht man es ganz in dem Unwissen. Wenn man nichts weiss, dann zeigt und offenbart es sich.

Nun könntet ihr sagen: Herr, ihr setzt all unser Heil in ein Unwissen. Das klingt wie ein Mangel. Gott hat den Menschen geschaffen, dass er wisse; wo Unwissen ist, da ist Verneinung und Leere. Der Mensch ist, das muss wahr sein, ein Tier, ein Affe, ein Tor, solange er im Unwissen verharrt. Das Wissen aber soll sich formen zu einer Ueberform, und dies Unwissen soll nicht vom Nichtwissen kommen, vielmehr: vom Wissen soll man in ein Unwissen kommen. Dann sollen wir wissend werden des göttlichen Unwissens, und dann wird unser Unwissen geadelt und geziert mit dem übernatürlichen Wissen. Und hier wo wir uns empfangend verhalten, sind wir vollkommener als wenn wir wirkten. Darum sprach ein Meister, dass die Kraft des Hörens auf viel höherer Stufe stände als die Kraft des Sehens, denn man lernt mehr Weisheit mit dem Hören als mit dem Sehen und lebt hier mehr in der Weisheit. Man erzählt von einem heidnischen Meister, dass seine Jünger, als er im Sterben lag, in seiner Anwesenheit von viel Kunst und grosser Erkenntnis redeten, da hob er sein Haupt noch als Sterbender auf und hörte zu und sagte: „Fürwahr, ich möchte diese Kunst noch lernen, dass ich sie in der Ewigkeit anwenden kann." Das Hören bringt mehr herein, aber das Sehen zeigt mehr hinaus. Und darum werden wir im ewigen Leben viel seliger sein in der Kraft des Hörens als in der Kraft des Sehens. Denn das Werk des Hörens des ewigen Wortes ist in mir, und das Werk des Sehens geht von mir, und beim Hören bin ich empfangend, und beim Sehen wirkend.

Unsere Seligkeit aber liegt nicht an unsern Werken, vielmehr daran, dass wir Gott empfangen. Denn um so viel höher Gott steht als

die Kreatur, um so viel höher steht das Werk
Gottes als das meine. Ja, aus grenzenloser Liebe
hat Gott unsere Seligkeit in ein Empfangen gelegt, indem wir mehr empfangen als wirken, und
bei weitem mehr nehmen als geben, und jede
Gabe bereitet die Empfänglichkeit für eine neue,
ja für eine grössere Gabe, eine jede göttliche
Gabe erweitert die Empfänglichkeit und die Be-
gehrnis nach einer grösseren Empfängnis. Und
darum sagen etliche Meister, dass darin die
Seele Gott ebenmässig sei. Denn so grenzenlos Gott im Geben ist, so grenzenlos ist auch
die Seele im Vernehmen oder Empfangen. Und
wie Gott im Wirken allmächtig ist, so ist die
Seele ein Abgrund des Nehmens, und darum wird
sie mit Gott und in Gott überformt. Gott soll
wirken und die Seele soll empfangen, er soll in
ihr sich selbst erkennen und lieben, sie soll erkennen mit seiner Erkenntnis und soll lieben mit
seiner Liebe, und darum ist sie viel seliger vom
seinen als vom ihren, und ihre Seligkeit beruht
mehr in seinem Wirken als in ihrem.

Den Sankt Dionysius fragten seine Jünger,
warum sie alle von Timotheus an Vollkommen-
keit überholt würden? Da sprach Dionysius:
Timotheus ist ein gottempfangender Mann. Wer
sich darauf recht verstünde, der überholte alle
Menschen. Und so ist dein Unwissen nicht ein

Mangel, sondern deine oberste Vollkommenheit, und dein Nichttun ist so dein oberstes Werk. Und so in dieser Weise musst du alle deine Werke abtun und all deine Kräfte zum Schweigen bringen, wenn du in Wahrheit diese Geburt in dir erleben willst. Willst du den geborenen König finden, so musst du alles, was du sonst vielleicht findest, überholen und zu Boden werfen. Dass wir das alles überholen und verlieren, was diesem geborenen König nicht wohlgefällt, dazu verhelfe uns der, der darum zum Menschenkind geworden ist, damit wir Gotteskind werden. Amen.

———

3.

Von der Dunkelheit.

Man liest im Evangelium, als unser Herr zwölf Jahre alt war, da ging er mit Maria und Joseph nach Jerusalem in den Tempel, und als sie von dannen gingen, da blieb Jesus im Tempel, ohne dass sie es wussten, und als sie nach Hause kamen und ihn vermissten, suchten sie ihn unter den Bekannten und Unbekannten und unter den Verwandten und in der Menge und fanden ihn nirgends, sie hatten ihn in der Menge verloren und mussten daher wieder hingehen, von wo sie gekommen waren, und als sie wieder an den Anfang kamen, in den Tempel, da fanden sie ihn.

So ist es in Wahrheit; willst du diese edle Geburt finden, so musst du alle Menge verlassen und musst zum Anfang zurückkehren und in den Urgrund, von dem du ausgegangen bist. Alle Kräfte der Seele und ihr Werk sind bloss Menge; Gedächtnis, Verstand und Wille vermannigfaltigen sich alle, darum musst du sie alle

3

lassen: Sinnlichkeit, Vorstellungen und alles, worin du dich selbst findest oder suchst. Dann kannst du diese Geburt finden, aber sonst wahrlich nicht. Er ward nie unter Freunden oder Verwandten und Bekannten gefunden, vielmehr verliert man ihn da völlig.

Darum haben wir eine Frage hierüber: ob der Mensch diese Geburt etwa finden könne in etlichen Dingen, die zwar göttlich sind, aber von aussen hineingetragen durch die Sinne, wie einige Vorstellungen von Gott, zum Beispiel, dass Gott gut, weise, barmherzig oder etwas dergleichen ist, was die Vernunft schöpfen kann und was auch göttlich ist: ob man in all diesem diese Geburt etwa finden könne? In Wahrheit, nein! Obwohl das alles gut und göttlich ist, ist es doch alles von aussen durch die Sinne hineingetragen worden: es muss alles von innen auf von Gott herausquellen, wenn diese Geburt eigen und rein hineinleuchten soll, und all dein Werk muss sich hinlegen und all deine Kräfte müssen den seinen dienen und nicht den deinen. Soll dies Werk vollkommen sein, so muss es Gott allein wirken, und du darfst es allein empfangen. Wo du mit deinem Willen und deinem Wissen wahrhaft ausgehst, da geht Gott wahrhaft und willig mit seinem Wissen ein und leuchtet da in Klarheit. Wo sich Gott aber wissen will, da kann dein Wissen

nicht bestehen und zu nichts dienen. Du brauchst
nicht zu wähnen, deine Vernunft könne noch
so wachsen, dass du Gott erkennen könntest,
sondern wenn Gott in dir göttlich leuchten soll,
dazu fördert dich ein natürliches Licht keineswegs, es muss vielmehr zu lauter Nichts werden
und völlig ausgehen; und dann kann Gott mit
seinem Licht hineinleuchten und bringt all das
mit sich, das dir ausgegangen ist, und tausendfach
mehr, und eine neue Form dazu, die alles in
sich schliesst.

Nun könntest du sagen: „Wahrlich, Herr,
was soll dann meine Vernunft, wenn sie so un-
tätig stehn muss ohne alles Wirken? Ist das
der nächste Weg, dass ich mein Bewusstsein zu
einer unerkannten Erkenntnis erhebe, die es doch
nicht geben kann? Denn erkennte ich etwas,
so wäre es nicht Unerkanntheit und wäre nicht
frei und losgelöst: soll ich denn ganz und gar
in Dunkelheit stehen?" Ja gewiss, du wirst nie
besser stehn können als wenn du dich völlig in
Dunkelheit und Unwissen setzest. „Ach, Herr,
muss ich alles abtun, lässt sich das gar nicht
wenden?" Nein, wahrhaftig, das lässt sich wirklich nicht wenden. „Was ist aber diese Dunkelheit, wie heisst sie oder wie ist ihr Name?" Ihr
Name ist lediglich: Möglichkeit des Empfangens,
das der seienden Dinge nicht bedürftig ist und

dahin sollst du gebracht werden. Und das lässt
sich nicht ändern. Wie die Materie nicht ruhet,
bis sie mit allen Formen erfüllt ist, so ruht auch
die Vernunft nimmer, bis sie erfüllt ist mit allem,
was in ihr möglich ist.

Es spricht ein heidnischer Meister: Die Natur hat nichts, was rascher wäre als der Himmel,
der überrascht alle Dinge mit seinem Lauf. Aber
sicherlich! des Menschen Bewusstsein überrascht
ihn noch mit seinem Lauf. Bliebe es in seinem
Vermögen wirksam und hielte es sich unverhöhnt
und unzerrissen von niedern und groben Dingen,
es flöge höher als der höchste Himmel und liesse
nimmer ab, es käme in das Allerhöchste und
würde da gespeist und geführt von dem allerbesten Gut, das Gott ist.

Und darum ist es nützlich, dieser Möglichkeit nachzufolgen, und sich frei und losgelöst
zu halten, und allein dieser Dunkelheit und diesem
Unwissen nachzufolgen und nachzuhängen und
nachzuspüren und nicht davon abzulassen, so ist
es dir wohl möglich, den zu erreichen, der alle
Dinge ist. Und je mehr in dir selbst Wüste
ist und Unwissenheit aller Dinge, je näher kommst
du diesem. Von dieser Wüste steht bei Jere-
mias geschrieben: „Ich will meine Freundin in
die Wüste führen und in ihrem Herzen mit ihr
sprechen." Das wahre Wort der Ewigkeit wird

allein in der Ewigkeit ausgesprochen, wo der Mensch Wüste ist und seiner selbst und aller Mannigfaltigkeit entfremdet. Nach dieser Wüste und Fremde begehrte der Prophet, als er sprach: „Ach, wer gibt mir Flügel wie die Taube hat, auf dass ich fliegen könnte, wo ich Ruhe finde?" Wo findet man Ruhe und Rast? Wahrlich, da wo man aller kreatürlichen Dinge entworfen und entwüstet und entfremdet ist. In diesem Sinne sagt David: „Ich erwählte lieber, verworfen und verschmäht zu sein im Haus meines Gottes, als grosse Ehren und Reichtum zu haben in der Taberne der Sünder."

Nun könntest du sagen: „Fürwahr, Herr, muss das immer und notwendig so sein, dass man aller Dinge entfremdet und zerwüstet ist, äusserlich und innerlich, der Kräfte und ihrer Werke, muss das alles hinab? Das ist ein schwerer Stand, wenn Gott den Menschen so ohne seinen Aufenthalt lässt, wenn Gott der Menschen Verlassenheit so dehnt, dass er nicht in ihm ist, leuchtend oder zusprechend oder wirkend, wie Ihr hier lehret und meinet. Wenn der Mensch so in lauter Nichts steht, ist es dann nicht besser, dass er etwas tue, um diese Dunkelheit und Entfremdung zu vertreiben, zum Beispiel, dass er bete oder lese oder eine Predigt höre oder andere Werke tue, was doch Tugenden sind, mit

denen man sich helfen soll?" Nein, das sollst
du in Wahrheit wissen: ganz und sehr stille und
ganz und gar leer zu verharren ist dein allerbestes. Das merke. Ohne Schaden kannst du
dich nicht wieder irgend zu Dingen wenden. Das
ist sicher: du wärest gern bereit, ein Teil von
dir und ein Teil von ihm, das aber kann nicht
sein. Du kannst des Bereitseins nicht einmal
denken oder begehren, wenn nicht Gott vorher
da ist. Gesetzt aber, es sei geteilt, das Bereit-
sein und das Wirken oder Eingiessen sei dein
und sein, was ja möglich ist, so musst du wissen,
dass Gott wirken und eingiessen muss, sobald er
dich bereit findet. Du darfst nicht wähnen, es
sei mit Gott wie mit der Person eines Zimmer-
manns, der wirkt und nicht wirkt wie er will,
es steht in seinem Willen, wie er Lust hat zu
tun und zu lassen. So steht es aber nicht um
Gott: sondern wenn Gott dich bereit findet, so
muss er wirken und sich in dich ergiessen,
ebenso wie wenn die Luft lauter und rein ist,
die Sonne sich ergiessen muss und sich dessen
nicht enthalten kann. Fürwahr, es wäre ein arg
grosser Fehler an Gott, wenn er nicht grosse
Werke in dich wirkte und grosses Gut in dich
gösse, sowie er dich frei und entblösst findet.
Es lehren uns die Meister, dass in demselben Moment, wo die Materie des Kindes im

Mutterleib bereit ist, in demselben Augenblick giesst Gott in den Leib den lebendigen Geist, das heisst die Seele, die des Leibes Form ist. Es ist e i n Augenblick bereit zu sein und ein-zugiessen. Wenn die Natur auf ihr Höchstes kommt, so tritt Gottes Gnade ein: in demselben Moment, wo der Geist bereit ist, geht Gott hinein ohne Aufschub und ohne Zögern. Im Buch der Geheimnisse steht geschrieben, dass unser Herr dem Volke entbot: „Ich stehe vor der Tür und klopfe und warte, wer mich einlässt, mit dem will ich schmausen." Du brauchst ihn nicht zu suchen, nicht da und nicht dort: er ist nicht entfernter als vor der Türe des Herzens, da steht er und harrt und wartet, wen er bereit findet, der ihm auftue und ihn einlasse. Du brauchst ihn nicht in der Ferne zu rufen: ihn kommt das Warten, bis du auftust, härter an als dich. Er bedarf deiner tausendmal mehr als du seiner: das Auftun und das Hineingehen ist nur ein Moment.

Nun könntest du fragen: Wie kann das sein? Ich empfinde ihn doch nicht. Nun pass auf. Das Empfinden ist nicht in deiner Gewalt, son-dern in seiner. So es ihm ansteht, so zeigt er sich, und kann sich verbergen, so er will. Das musst du wissen: Gott kann nichts leer oder hohl lassen; dass irgend das geringste leer oder hohl sei, das kann der Naturgott nicht leiden. Darum, wenn es dich dünkt, du fändest ihn nicht und er sei nicht in dir, dem ist nicht so. Denn wäre irgend etwas leer unterm Himmel, es wäre was es wollte, gross oder klein, so zöge es entweder der Himmel zu sich hinauf, oder er müsste sich herniederneigen und den Himmel hineingiessen. Gott, der Meister der Natur, leidet es durchaus nicht, dass irgend etwas leer sei. Darum steh still und wanke nicht, denn du kannst dich zur Stunde von Gott abwenden und kommst dann nimmermehr zu ihm.

Du könntest fragen: Soll der Mensch sich kasteien, und versäumt er etwas, wenn er sich nicht in der Busse übt? Höre. Alles Bussleben ist neben andern Ursachen darum erfunden, sei es nun Fasten, Wachen, Beten, Geisseln, härene Hemden tragen, hart liegen oder was sonst immer, das ist alles darum erdacht, weil der Leib und das Fleisch sich allezeit dem Geist entgegenstellt. Der Leib ist ihm viel zu stark, ein richtiger Kampf ist immerzu unter ihnen, ein ewiger Streit. Der Leib ist hier kühn und stark, denn er ist hier zu Hause, die Welt hilft ihm, die Erde ist sein Vaterland, ihm helfen hier alle seine Verwandten: die Speise, der Trank, die Schönheit: das ist alles gegen den Geist. Der Geist ist hier fremd, aber im Himmel sind

alle seine Verwandten und sein ganzes Ge-
schlecht: da ist er gar heimisch. Um dem Geist
zu Hilfe zu kommen in dieser Fremde und das
Fleisch etwas zu schwächen in diesem Streit, damit der Leib den Geist nicht überwindet, darum
tut man ihn den Zaum der Bussübungen an und
darum bedrückt man ihn, damit der Geist sich
seiner erwehren könne. Da man ihm das tut,
damit er ein Gefangener sei, so lege ihm, wenn
du ihn tausendmal besser fangen und beladen
willst, den Zaum der Liebe an. Mit der Liebe
überwindest du ihn am allerschnellsten und mit
der Liebe belädst du ihn am stärksten. Und
darum stellt uns Gott mit keinen Dingen so sehr
nach, wie mit der Liebe. Denn mit der Liebe
geht es just ebenso, wie mit der Angel des Fischers.
Der Fischer kann den Fisch nicht erhalten, wenn
der sich nicht an der Angel fängt. Wenn er
nach der Angel schnappt, dann ist der Fischer
seiner sicher: wohin sich der Fisch dann wendet,
hin oder her, der Fischer hat ihn ganz sicher.
So spreche ich auch von der Liebe: wer von
ihr gefangen wird, der hat das allerstärkste Band
und doch eine süsse Bürde. Wer diese süsse
Bürde auf sich genommen hat, der erreicht damit mehr und kommt weiter damit als mit all
der Busse und Strenge, die je Menschen üben
könnten. Er kann auch sanft und geduldig alles

tragen und leiden, was ihn trifft und was Gott
über ihn verhängt. Nichts macht dich Gott so
eigen, und durch nichts wird Gott dir so eigen
als durch dieses süsse Band. Wer diesen Weg
gefunden hat, der suche keinen andern. Wer
an dieser Angel haftet, der ist so gefangen, dass
der Fuss und die Hand, der Mund, die Augen,
das Herz und alles was am Menschen ist, das
muss alles Gott zu eigen sein. Und darum kannst
du diesen Feind niemals besser überwinden, dass
er dir nicht schade, als mit der Liebe. Wer in
diesem Stricke gefangen ist und in diesem Wege
wandelt, welch Werk er immer wirke, das wirkt
die Liebe. Seine Ruhe ist besser als eines andern
Wirken. Darum warte allein auf diese Angel,
so wirst du selig gefangen, und je mehr gefangen
desto mehr befreit. Dass wir so gefangen und
befreit werden, dazu verhelfe uns der, der selber
die Liebe ist. Amen.

4.

Von stetiger Freude.

Die Seele hat etwas in sich, ein Fünklein der Vernünftigkeit, das nimmer erlischt, und in dies Fünklein versetzt man das Bild der Seele als in das oberste Teil des Bewusstseins; und es ist auch ein Erkennen in unsern Seelen, das äussern Dingen nachgeht, nämlich das sinnliche und Verstandeserkennen, das in Gleichnissen und in der Sprache vor sich geht, das verbirgt uns dies. Wie sind wir Söhne Gottes? Das ist, dass wir e i n Wesen haben mit ihm. Doch was wir darunter verstehen, dass wir Söhne Gottes sind, das ist zu verstehen von dem äussern Verstehen und von dem innern Verstehen. Das innere Erkennen ist, was sich vernünftig fundieret auf das Wesen unserer Seele. Doch ist es nicht das Wesen der Seele, es ist vielmehr darein gewurzelt und ist etwas vom Leben der Seele. Wir sagen, dass das Verstehen etwas Lebendes der Seele sei, das heisst vernünftiges Leben, und in diesem Leben wird der Mensch geboren zu Gottes Sohn und zu dem ewigen Leben, und dies Erkennen ist ohne Zeit, ohne Raum, und ohne Hier und ohne Jetzt. In diesem Leben sind alle Dinge eins und alle Dinge gemeinsam, alle Dinge alles in allem und allem geeinigt.

Gott macht, dass wir ihn selbst erkennen, und sein Wesen ist sein Erkennen, und es ist dasselbe, dass er mich erkennend macht, und dass ich erkenne, und darum ist sein Erkennen mein: wie das, was der Meister lehrt und der Schüler gelehrt wird, ein und dasselbe ist. Und wenn also sein Erkennen mein ist, und wenn seine Substanz sein Erkennen ist und seine Natur und sein Wesen, so folgt daraus, dass sein Wesen und seine Substanz und seine Natur mein ist. Und wenn also seine Substanz, sein Wesen und seine Natur mein ist, so bin ich der Sohn Gottes. Seht, Brüder, welche Liebe uns Gott geschenkt hat, dass wir Sohn Gottes heissen und sein eigen.

Merkt, wie wir Söhne Gottes werden: wenn wir dasselbe Wesen haben, das der Sohn hat. Wie ist man der Sohn Gottes oder wie weiss man es, wenn Gott niemandem gleich ist? Das ist wahr. Wenn es also Gottes Natur ist, dass er niemandem gleich ist, so ist es notwendig, dass wir dazu kommen, dass wir nichts sind, auf dass wir in dasselbe Wesen gesetzt werden können, das er selbst ist. Daher kann ich, wenn ich dazu komme, dass ich mich in Nichts umbilde und Nichts in mich umbilde, und hinaustrage und hinauswerfe, was in mir ist, in das reine Wesen des Geistes versetzt werden. Da muss alles ausgetrieben werden, was Gleichnis ist, dass ich in Gott verwandelt werde und eins mit ihm werde und eine Substanz und ein Wesen und eine Natur und der Sohn Gottes. Und wenn das geschehen ist, dann ist nichts in Gott verborgen, was nicht offenbar wird und was nicht mein wird. Denn dann werde ich weise und mächtig und ganz wie er und ein und dasselbe mit ihm. Dann wird Zion ein Wahrsehender, ein wahrer Israel, das heisst ein sehender Mann: Gott, denn ihm ist nichts verborgen in der Gottheit. Da wird der Mensch in Gott geführt. Aber damit mir nichts verborgen bleibe und alles offenbar werde, darf in mir kein Gleichnis und kein Bild mehr vorhanden sein, denn kein Bild kann uns die Gottheit oder sein Wesen öffnen. Bliebe irgend ein Bild in dir oder irgend ein Gleichnis, so würdest du nimmer eins mit Gott. Damit du also mit Gott eins seist, darf nichts in dir eingebildet oder ausgebildet sein, das heisst, alles was in dir verborgen ist, muss offen und hinausgeworfen werden.

Es gibt zweierlei Geburt der Menschen: eine in der Welt und eine aus der Welt, das heisst geistig in Gott. Willst du wissen, ob dein Kind geboren werde und ob es entledigt sei, das heisst, ob du zu Gottes Sohn gemacht seist: solange du Leid in deinem Herzen hast um irgend ein Ding [es sei denn um Sünde], solange ist dein Kind nicht geboren. Hast du Herzeleid, so bist du nicht Mutter, du bist vielmehr in der Gebärung und nahe der Geburt. Daran darfst du nicht zweifeln, wenn du traurig bist um dich oder um deinen Freund, so ist es nicht geboren, es ist aber nahe an der Geburt. Aber dann ist es vollkommen geboren, wenn der Mensch von Herzen kein Leid empfindet um irgend ein Ding: dann hat der Mensch das Wesen und die Natur und die Substanz und die Weisheit und die Freude und alles was Gott hat, dann wird dieses Wesen des Sohnes Gottes unser und in uns, und wir kommen in dieses Wesen Gottes.

Christus sagt: „Wer mir nachfolgen will, der verleugne sich selbst und hebe sein Kreuz auf und folge mir." Das heisst: Wirf alles Herzeleid hinaus, auf dass in deinem Herzen nichts als stetige Freude sei. Dann ist das Kind geboren. Wenn dieses Kind in mir geboren ist, sähe ich gleich meinen Vater und alle meine Freunde vor meinen Augen tot, mein Herz wäre darum nicht

bewegt. Aber würde mein Herz von diesem bewegt, so wäre das Kind in mir nicht geboren.
aber vielleicht wäre es nahe der Geburt. Ich
sage, Gott und die Engel haben so grosse Freude
über jedes Werk eines guten Menschen, dass dem
keine Freude zu vergleichen ist. Darum sage
ich: wenn das Kind in dir geboren wird, so hast
du so grosse Freude über jedes gute Werk, das
in dieser Welt geschieht, dass deine Freude die
allergrösste Stetigkeit wird, so dass sie sich nicht
ändert. Und bin ich ganz in das göttliche Wesen
verwandelt, so wird Gott mein und alles was er
hat. Dann habe ich rechte Freude, die nicht Leid
noch Pein von mir nehmen kann, denn dann bin
ich in das göttliche Wesen versetzt, wo kein
Leiden Platz hat. Wenn du also dazu kommst,
dass du um nichts mehr Leid noch Kummer
trägst und dass dir alles eine reine Freude ist,
dann ist das Kind in Wahrheit geboren. Dass
uns dies widerfahre, das walte Gott. Amen.

5.

Von der Stadt der Seele.

Intravit Jesus in quoddam castellum et mulier qaedam excepit illum etc. (Luc. X, 38). Ich habe eben ein Wörtlein auf lateinisch gesprochen, das im Evangelium steht und auf deutsch also heisst: „Unser Herr Jesus Christus ging in ein Städtchen und ward von einer Jungfrau empfangen, die ein Weib war."

Fürwahr, achtet nun aufmerksam dieses Worts. Es muss notwendig so sein, dass der Mensch, von dem Jesus empfangen ward, eine Jungfrau war. Jungfrau heisst soviel, wie ein Mensch, der aller fremden Bilder ledig ist, so ledig wie er war als er nicht war. Seht, nun könnte man fragen: Der Mensch, der geboren und zu vernünftigem Leben vorgeschritten ist, wie kann der so frei von allen Bildern sein, wie damals als er nicht war, da er doch viel weiss, und das sind alles Bilder: wie kann er dann frei sein?

Nun achtet auf die Unterscheidung, auf die ich euch hinweisen will. Wäre ich so vernünftig, dass alle Bilder, die je Menschen empfangen haben, und die in Gott selbst sind, vernünftig in mir stünden, und zwar, dass ich sie, im Tun und im Lassen, ohne Eigenschaft begriffen hätte, ohne Vor und ohne Nach, dass sie vielmehr in diesem gegenwärtigen Nu frei und ledig nach dem liebsten Willen Gottes stünden, um dem ohne Unterlass nachzukommen, dann wäre ich in Wahrheit Jungfrau, unbehindert von allen Bildern, und wahrlich so wie ich war als ich nicht war. Wie die Meister sagen, dass gleich und gleich allein eine Sache der Einheit sei, so muss auch der Mensch keusch sein und Jungfrau, der den keuschen Jesus empfangen will.

Ich sage ferner, dass eine Kraft in der Seele ist, die nicht Zeit noch Fleisch berührt, sie fliesst aus dem Geiste und bleibt in dem Geiste und ist ganz geistig. In dieser Kraft ist Gott allzumal grünend und blühend in aller Freude und in aller Ehre, wie er in sich selber ist. Da ist so herzliche Freude und so unbegreiflich grosse Freude, dass niemand genug davon sagen kann. Denn der ewige Vater gebiert seinen ewigen Sohn in dieser Kraft ohne Unterlass, so dass diese Kraft den Sohn des Vaters mitgebären hilft und sich selber denselben

4

Sohn in der einigen Kraft des Vaters. Und hätte ein Mensch ein ganzes Königreich oder allen Reichtum der Erde, und liesse das rein um Gottes willen und würde einer der ärmsten Menschen, der je auf Erden lebte, und gäbe ihm dann Gott so viel zu leiden, als er je Menschen auferlegt hat, und litte er alles dies bis an seinen Tod, und gäbe ihm dann Gott einen Augenblick zu schauen, wie er in dieser Kraft ist: seine Freude würde so gross, dass all dies Leiden und diese Armut dann noch zu klein wäre. Ja, gäbe ihm Gott gar hernach kein Himmelreich mehr, er hätte dann doch noch zu grossen Lohn empfangen für alles, was er je gelitten: denn Gott ist in dieser Kraft wie in dem ewigen Nu. Wäre der Geist allezeit mit Gott in dieser Kraft vereint, der Mensch könnte nicht altern. Denn das Nu, worin Gott den ersten Menschen machte, und das Nu, worin der letzte Mensch vergehen soll, und das Nu, worin ich spreche, die sind gleich in Gott, und es ist nichts als e i n Nu. Nun seht, dieser Mensch wohnt in e i n e m Licht mit Gott, darum ist in ihm weder Empfangen noch Nachfolgen, sondern eine gleiche Ewigkeit. Diesem Menschen ist in Wahrheit gar viel abgenommen und alle Dinge stehen wesenhaft in ihm. Darum empfängt er nichts Neues von künftigen Dingen und von keinem Zufall, denn er wohnt in einem

Nu, allezeit neu grünend und ohne Unterlass. Solche göttliche Herrlichkeit ist in dieser Kraft.

Noch eine Kraft gibt es, die auch unkörperlich ist: sie fliesst aus dem Geiste und bleibt im Geiste und ist ganz geistig. In dieser Kraft ist Gott ohne Unterlass glimmend und brennend mit all seinem Reichtum, mit all seiner Süssigkeit und mit all seiner Wonne. Wahrlich, in dieser Kraft ist so grosse Freude und so grosse masslose Wonne, dass niemand wahr genug davon sprechen und künden kann. Ich sage aber, gäbe es einen einzigen Menschen, der hierin einen Augenblick in Wahrheit und vernünftig die Wonne und die Freude schaute: alles was er leiden könnte und was Gott von ihm gelitten haben wollte, das wäre ihm alles wenig und sogar nichtig, ja ich sage: es wäre ihm zumal eine Freude und eine Wohltat.

Ich habe manchmal gesagt, es sei eine Kraft im Geiste, die allein frei sei. Zu Zeiten habe ich gesagt, es sei eine Hütte des Geistes; zu Zeiten habe ich gesagt, es sei ein Licht des Geistes; zu Zeiten habe ich gesagt, es sei ein Fünklein. Ich sage aber jetzt: es ist weder dies noch das. Es ist überhaupt kein Etwas; es ist höher über dies und das als der Himmel über der Erde. Darum nenne ich es jetzt in einer edleren Weise als ich es früher nannte, und doch geht es über Edelkeit und Gradunterschiede und Weisen hinaus und ist darüber erhoben. Es ist von allen Namen frei und von allen Formen ganz los, ledig und frei, wie Gott in sich selbst ledig und frei ist. Es ist so ganz eins und einfach, wie Gott eins und einfach ist, dass man auf keine Weise es anschaulich machen kann. Dieselbe Kraft, von der ich gesprochen habe, in der ist Gott blühend und grünend mit all seiner Gottheit und der Geist in Gott, in derselben Kraft, worin der Vater seinen eingeborenen Sohn gebiert, wahrlich wie in sich selber, und der Geist gebiert mit dem Vater denselben Sohn und sich selber, und ist derselbe Sohn in diesem Licht, und ist die Wahrheit. Könntet ihr mit meinem Herzen zuhören, ihr verstündet wohl, was ich spreche, denn es ist wahr, und die Wahrheit spricht es selbst.

Seht, nun passt auf, so eins und einfach ist diese Stadt in der Seele, von der ich euch spreche, und die ich meine, und über alle Weise erhaben, dass die edle Kraft, von der ich gesprochen habe, nicht würdig ist, jemals einen Augenblick hineinzublicken, und ebenso die andere Kraft, worin Gott glimmt und brennt, die darf auch niemals hineinblicken, so gar eins und einfach ist diese Stadt, und so über aller Weise und allen Kräften ist dies einig Eine, dass ihm niemals Kraft oder

Weise zuschauen kann, ja nicht einmal Gott selbst. Mit guter Wahrheit! und so wahr Gott lebt, Gott selbst schaut niemals einen Augenblick hinein und hat nie hineingesehen, insfern er sich darstellt in einer Weise und in der Eigenschaft seiner Personen. Dies ist gut zu verstehen, denn dies einig Eine ist ohne Weise und ohne Eigenschaft. Und wenn daher Gott jemals hineinblicken soll, so muss es ihn alle seine göttlichen Namen und seine persönliche Eigenschaft kosten: das muss er alles vorher lassen, wenn er je hineinblicken soll. Wie er einfach eins ist, ohne alle Weise und Eigenschaft: da ist er nicht Vater und nicht Sohn und nicht heiliger Geist in diesem Sinne, und ist doch ein Etwas, das nicht dies und nicht das ist.

Seht, so wie er eins ist und einfach, so kommt er in das Eine, das ich eine Stadt in der Seele heisse, und sonst kommt er auf keine Weise hinein: sondern so kommt er hinein und ist darin. In diesem Stück ist die Seele Gott gleich und auf keine andere Weise. Was ich euch gesagt habe, ist wahr: dafür stelle ich euch die Wahrheit als Zeugen und meine Seele als Pfand. Dass wir eine solche Stadt seien, in der Jesus eingeht und empfangen werde und ewig in uns bleibe in der Weise, wie ich gesagt habe, das walte Gott. Amen.

6.

Vom namenlosen Gott.

Unser Herr sprach: „Frau, die Zeit wird kommen und ist schon jetzt, wo die wahren Anbeter den Vater im Geist und in der Wahrheit anbeten, und solche suchet der Vater."

Nun achtet auf das erste Wörtlein, wo er spricht: „Die Zeit wird kommen und ist schon jetzt." Wer da den Vater anbeten will, der muss sich in die Ewigkeit versetzen mit seinem Begehren und mit seiner Zuversicht. Es gibt einen obersten Teil der Seele, der steht über der Zeit und weiss nichts von der Zeit noch vom Leibe. Alles was je geschah vor tausend Jahren, der Tag, der vor tausend Jahren war, der ist in der Ewigkeit nicht ferner, als diese Stunde, wo ich jetzt stehe, und der Tag, der nach tausend Jahren kommen wird oder soweit du zählen kannst, der ist in der Ewigkeit nicht ferner als diese Stunde, worin ich jetzt stehe.

Nun spricht er: „Die beten an den Vater."

Ach, wie viele gibt es, die beten die Kreatur
an und kümmern sich darum, und das sind gar
törichte Leute. Sobald du Gott anbetest um der
Kreatur willen, so bittest du um deinen eigenen
Schaden, denn sobald die Kreatur Kreatur ist,
trägt sie Bitterkeit und Schaden und Uebel und
Ungemach in sich. Und darum geschieht den
Leuten ganz recht, die Ungemach und Bitterkeit davon haben. Warum? Sie haben darum
gebeten.

Alle Dinge, die in der Zeit sind, haben ein
Warum. Wie der, der einen Menschen fragte:
„Warum issest du?" „Damit ich Kraft habe."
„Warum schläfst du?" „Aus demselben Grunde."
Und so sind alle Dinge, die in der Zeit sind.
Aber wer einen guten Menschen fragte: „Wa-
rum liebst du Gott?" „Ich weiss nicht, um Gottes
willen." „Warum liebst du die Wahrheit?" „Um
der Wahrheit willen." „Warum liebst du die
Gerechtigkeit?" „Um der Gerechtigkeit willen."
„Warum liebst du die Güte?" „Um der Güte
willen." „Warum lebst du?" „Wahrlich, ich weiss
nicht! Ich lebe gerne."

Die Meister sagen, die Seele habe zwei Ge-
sichter, und das obere Gesicht schauet allezeit
Gott, und das niedere Gesicht blickt etwas herab
und das berichtet die Sinne, und das oberste
Gesicht ist das oberste der Seele, das steht in

der Ewigkeit und hat nichts mit der Zeit zu
schaffen und weiss nichts von der Zeit und vom
Leibe. Und ich habe manchmal gesagt, dass darin
etwas verborgen liege wie ein Ursprung alles
Guten und wie ein leuchtendes Licht, das allezeit leuchtet, und wie ein brennender Brand, der
allezeit brennt, [und der Brand ist nichts anderes
als der heilige Geist].

Die Meister sagen, aus dem obersten Teil
der Seele fliessen zwei Kräfte. Die eine heisst
Wille, die andere Vernunft, und die Vollkommenheit der Kräfte liegt in der obersten Kraft, die
da Vernunft heisst. Die kann nimmer ruhen.
Sie will nicht Gott wie er der heilige Geist ist
und wie er der Sohn ist, und fliehet den Sohn.
Sie will auch nicht Gott wie er Gott ist. Warum? Da hat er Namen, und wären tausend
Götter, sie bricht sich immer mehr Bahn, sie
will ihn da, wo er keine Namen hat: sie will
etwas Edleres, etwas Besseres als Gott, wie er
Namen hat. Was will sie denn? Sie weiss nicht:
sie will ihn, wie er Vater ist. Sie will ihn, wie
er ein Grund ist, aus dem Güte entspringt; sie
will ihn, wie er ein Kern ist, aus dem Güte
fliesst; sie will ihn wie er eine Wurzel ist, eine
Ader, in der Güte entspringt, und da ist er allein
Vater.

Nun spricht unser Herr: „Es erkennet nie-

mand den Vater als der Sohn, und den Sohn
niemand als der Vater." In Wahrheit, wenn wir den
Vater erkennen wollen, so müssen wir Sohn sein.
Ich habe einmal drei böse Wörtlein gesprochen,
die mögt ihr als drei böse Gewürze aufnehmen,
auf die ihr trinken müsst. Zum ersten, wollen
wir Sohn sein, so müssen wir einen Vater haben.
Denn des Sohnes Leben hängt an dem Vater,
und des Vaters Leben hängt an dem Sohn, und
darum kann niemand sagen: ich bin Sohn, wenn
er keinen Vater hat, und d e r Mensch ist in
Wahrheit Sohn, der da alle seine Werke aus Liebe
wirkt. — Das zweite, was den Menschen allermeist zum Sohn macht, das ist Gleichmut. Ist
er krank, so sei er ebenso gern krank wie gesund, gesund wie krank. Stirbt ihm ein Freund,
in Gottes Namen; wird ihm ein Auge ausge-
schlagen, in Gottes Namen. — Das dritte, was
ein Sohn haben soll, das ist, dass er sein Antlitz nach nichts mehr wendet als nur nach dem
Vater. O, wie edel ist die Kraft, die da über
der Zeit steht und die da ohne Raum steht!
Denn damit, dass sie über der Zeit steht, hat
sie alle Zeit in sich geschlossen und ist alle Zeit,
und wie wenig einer auch von dem hätte, was
über der Zeit steht, der wäre gar bald reich geworden, denn was jenseits des Meeres ist, ist
der Kraft nicht ferner als was jetzt gegenwärtig

ist. Und von denen spricht er „Solche suchet der Vater."

Seht, so liebkost uns Gott, so flehet uns Gott an und Gott kann nicht warten, bis sich die Seele geschmückt und von der Kreatur zornig entfernt hat, und es ist eine sichere und eine notwendige Wahrheit, dass es Gott so not tut, uns zu suchen, als ob all seine Gottheit daran hange, wie es auch der Fall ist. Und Gott kann unser so wenig entbehren, wie wir seiner, und könnte es auch sein, dass wir uns von Gott ab-wenden könnten, so könnte sich doch Gott nimmer von uns abwenden. Ich sage, ich will Gott nicht bitten, dass er mir gebe, ich will ihn auch nicht loben für das, was er mir gegeben hat, sondern ich will ihn bitten, dass er mich würdig mache zu empfangen, und will ihn loben, dass er die Natur und das Wesen hat, dass er geben muss. Wer das Gott nehmen wollte, der nähme ihm sein eigenes Wesen und sein eigenes Leben. Dass wir so in Wahrheit Sohn werden, dazu verhelfe uns die Wahrheit, von der ich gesprochen habe. Amen.

7.

Vom innersten Grunde.

Es spricht ein Meister: „Gott ist ein Mensch geworden, davon ist das ganze Menschengeschlecht erhöht und geehrt. Darüber können wir uns wohl freuen, dass Christus, unser Bruder, aus eigener Kraft über alle Chöre der Engel gefahren ist und zur rechten Hand des Vaters sitzt." Dieser Meister hat recht gut gesprochen; aber wahrlich, ich mache mir nicht viel daraus. Was hülfe es mich, wenn ich einen Bruder hätte, der ein reicher Mann wäre und ich ein armer, er weise und ich ein Tor? Ich spreche etwas anderes und dringenderes: Gott ist nicht allein Mensch geworden, sondern er hat menschliche Natur angenommen.

Es sagen die Meister gewöhnlich, alle Menschen seien gleich edel von Natur. Aber ich sage wahrhaftig: alles Gute, was alle Heiligen besessen haben, und Maria die Gottesmutter, und Christus gemäss seines Menschtums, das ist mein eigen in dieser Natur. Wo der Vater seinen Sohn im innersten Grunde gebiert, da hat diese Natur ein Hineinschweben. Diese selbe Natur ist eins und einfach. Hier kann wohl etwas herausschauen und herzuhängen, das ist das eine Nichts.

Ich spreche von einem anderen und von einem schwereren. Wer in der Nacktheit dieser Natur ohne Mittel dastehn soll, der muss aus aller Person herausgegangen sein, so dass er dem Menschen, der jenseits des Meeres ist, den er nie von Angesicht erblickt hat, ebensosehr Gutes gönnt als dem, der bei ihm ist und sein trauter Freund ist. Solange du deiner Person mehr Gutes gönnst als dem Menschen, den du nie gesehen, solange bist du wahrlich im Unrecht und du schautest nie einen Augenblick in diesen einfachen Grund. Du hast freilich in einem abgezogenen Bild die Wahrheit wie in einem Gleichnis gesehen, es war aber nicht das beste. Zum zweiten sollst du reines Herzens sein, und das Herz ist allein rein, das alle Erschaffenheit vernichtet hat. Zum dritten sollst du das Nichts los sein.

Es ist eine Frage, was in der Hölle brenne? Die Meister sagen gewöhnlich: Das tut der Eigenwille. Aber ich sage wahrlich: das Nichts brennt in der Hölle. Ein Gleichnis: Man nehme eine brennende Kohle und lege sie auf meine Hand.

Sagte ich, die Kohle brenne meine Hand, so täte
ich ihr gar unrecht. Soll ich eigentlich sagen,
was mich brennt? Das tut das Nichts, weil die
✗ Kohle etwas in sich hat, was meine Hand nicht
hat. Seht, eben dieses Nichts brennt mich. Denn
hätte meine Hand alles das in sich, was die Kohle
ist und leisten kann, so hätte sie völlige Feuernatur. Wenn einer dann alles Feuer, das je
brannte, nähme und auf meine Hand schüttete,
so könnte es mich nicht schmerzen. In gleicher
Weise also spreche ich: Weil Gott und alle die,
die im Angesicht Gottes sind, in der rechten
Seligkeit etwas in sich haben, was die nicht haben,
die von Gott getrennt sind, dieses Nichts allein
↖ peinigt die Seelen mehr, die in der Hölle sind,
als Eigenwille oder irgend ein Feuer. Ich sage
wahrlich: so viel Nichts dir anhaftet, so sehr
bist du unvollkommen. Wollt ihr darum vollkommen sein, so müsst ihr das Nichts los sein.
Darum heisst ein Wörtlein: „Gott hat seinen
eingeborenen Sohn in die Welt gesandt," das sollt
ihr nicht für die äussere Welt verstehn, wie er
mit uns ass und trank, ihr sollt es für die innere
Welt verstehn. So wahr der Vater mit seiner
einfachen Natur den Sohn natürlich gebiert, so
wahr gebiert er ihn in des Geistes Innigstem,
und das ist die innere Welt. Hier ist Gottes
Grund mein Grund und mein Grund Gottes

Grund. Hier lebe ich ausser meinem Eigenen, wie Gott ausser seinem Eigenen lebt. Wer nur einen Augenblick in diesen Grund geblickt hat, dem Menschen sind tausend Pfund rotes geschlagenes Gold nicht mehr als ein falscher Heller. Aus diesem innersten Grund heraus sollst du alle deine Werke wirken ohne ein Warum. Ich sage wahrlich: solange du deine Werke um des Himmelreichs, oder um Gottes, oder um deiner ewigen Seligkeit willen von aussen her wirkst, so lange bist du wahrlich im Unrecht. Man kann dich freilich so hingehn lassen, aber es ist nicht das Beste. Denn wahrlich, wenn du glaubst, du gelangest durch Innigkeit, durch Andacht, durch Willfährigkeit oder besondere Anstalten eher zu Gott als am Herd oder im Stall, so tust du nichts andres als wenn du Gott nähmest und wickeltest ihm einen Mantel um den Kopf und stecktest ihn unter eine Bank. Denn, wer Gott in einer Weise sucht, der nimmt die Weise und lässt Gott, der in der Weise verborgen ist. Aber wer Gott ohne Weise sucht, der nimmt ihn, wie er an sich selbst ist, und dieser Mensch lebt mit dem Sohne, und er ist das Leben selbst. Wer das Leben tausend Jahr lang fragte: Warum lebst du? wenn es antworten sollte, spräche es nichts anderes als: Ich lebe darum, weil ich lebe. Das kommt daher,

dass das Leben aus seinem eigenen Grunde
heraus lebt und aus seinem Eigenen quillt: darum
lebt es ohne Warum, indem es sich selber lebt.
Wer nun einen wahrhaften Menschen, der aus
seinem eigenen Grunde heraus wirkt, fragte: Warum wirkst du deine Werke? wenn er recht
antworten sollte, spräche er nichts anderes als:
Ich wirke, weil ich wirke.

Wo die Kreatur endet, da beginnt Gott zu
sein. Nun begehrt Gott nichts anderes von dir,
als dass du aus dir selbst, in kreatürlicher Weise,
hinausgehst, und Gott Gott in dir sein lassest.
Das geringste kreatürliche Bild, das sich in dir
bildet, ist ebenso gross wie Gott. Warum? Weil
es dich eines ganzen Gottes beraubt. Denn wo
dies Bild hineingeht, da muss Gott und seine
ganze Gottheit weichen. Aber wo dies Bild
hinausgeht, da geht Gott hinein. Gott begehrt
so gewaltig danach, dass du aus dir selbst, in
kreatürlicher Weise, hinausgehst, als ob all seine
Seligkeit daran liege. Fürwahr, lieber Mensch,
was schadet es dir, dass du Gott gönnest, dass
er Gott in dir sei? Geh doch Gott zu lieb aus
deinem Selbst heraus, so geht Gott dir zu lieb
aus seinem heraus. Wenn diese zwei hinausgehen, was dann zurückbleibt, ist ein einfach
Eines. In diesem Einen gebiert der Vater seinen
Sohn in dem innersten Brunnen. Da erblühet

der heilige Geist und da entspringt in Gott ein Wille, der der Seele zugehört. Und solange der Wille unberührt von allen Kreaturen und von aller Erschaffenheit steht, so lange ist der Wille frei. Christus spricht: „Niemand kommt in den Himmel, als wer vom Himmel gekommen ist." Alle Dinge sind aus Nichts erschaffen, darum ist ihr eigentlicher Ursprung Nichts. Insofern sich dieser edle Wille zu den Kreaturen neigt, so verfliesst er mit diesen Kreaturen in ihr Nichts.

Nun ist eine Frage, ob dieser Wille so verfliesse, dass er niemals mehr wiederkommen könne? Die Meister sagen gewöhnlich, er komme nie wieder, insofern er in der Zeit verflossen ist. Aber ich sage: Wenn dieser Wille sich einen Augenblick von sich selbst und von aller Erschaffenheit wieder zu seinem Ursprung hinwendet, so steht der Wille in einer rechten, freien Art da und ist frei, und in diesem Augenblick wird alle verlorene Zeit wiedergebracht. Die Leute sagen oft zu mir: Bittet für mich. Da denke ich: Warum geht ihr heraus? Warum bleibt ihr nicht bei euch selbst und greift in euer eigenes Gut? Ihr tragt doch alle Wahrheit wesenhaft in euch. Dass wir so wahrhaft in ihm bleiben und alle Wahrheit ohne Mittel und ungeteilt in rechter Seligkeit besitzen mögen, das walte Gott. Amen.

8.

Von der Vollendung der Zeit.

„In der Zeit ward der Engel Gabriel gesandt von Gott." In welcher Zeit? Im sechsten Monat, als Johannes im Mutterleib zappelte. Wenn mich nun einer fragte: Warum beten wir oder warum fasten wir oder wirken wir all unser Werk? so antworte ich: Darum, dass Gott in unserer Seele geboren werde. Warum ist alle Schrift geschrieben und warum hat Gott die Engelsnatur und alle Welt geschaffen? Darum allein, dass Gott in der Seele geboren werde. Alles Kornes Natur meint Weizen, alles Schatzes Natur Gold, alle Gebärung meint Mensch. Wie ein Meister spricht, gibt es kein Tier, das nicht etwas mit dem Menschen in der Zeit gemein hat.

Sankt Paulus spricht: „In der Vollendung der Zeit sandte Gott seinen Sohn." Sankt Augustin ward gefragt, was das sei, die Vollendung der Zeit? Vollendung der Zeit ist, wenn der Tag nicht mehr ist: dann ist der Tag vollendet. Es

5

ist eine sichere Wahrheit, wo diese Geburt geschehen soll, da muss alle Zeit hinab sein, denn es gibt nichts, was diese Geburt so sehr hindert, als Zeit und Kreatur. Es ist eine notwendige Wahrheit, dass die Zeit an Gott und die Seele nicht rühren kann. Könnte Zeit an die Seele rühren, so wäre sie nicht Seele. Könnte Gott von der Zeit berührt werden, so wäre er nicht Gott.

Eine andere Vollendung der Zeit! Wer die Kunst und die Macht hätte, dass er die Zeit und alles, was in sechstausend Jahren je geschah oder noch geschehen wird bis an das Ende der Welt: wenn einer das heranziehen könnte in ein gegenwärtiges Nu, das wäre Vollendung der Zeit. Das ist das Nu der Ewigkeit, wo die Seele alle Dinge in Gott erkennt, so neu und so frisch und in derselben Lust, wie ich sie jetzt gegenwärtig habe. Die mindeste Kraft in meiner Seele ist weiter als der weite Himmel. Ich sehe ab von der Vernunft, in der ist Weite über Weite, in der bin ich so nahe dem Ort, der tausend Meilen weg ist, als dem Ort, worin ich jetzt stehe. Die Meister sagen, die Menge der Engel sei ohne Zahl, ihre Zahl könne nicht begriffen werden. Wer aber ohne Zahl und ohne Menge unterscheiden könnte, dem wäre hundert wie eins.

Wären gleich hundert Personen in der Gottheit, so erkennte er doch, dass nur e i n Gott ist. Dass Gott in uns geboren werde, das walte Gott. Amen.

9.

Ein Zweites vom namenlosen Gott.

Wenn die Seele in die namenlose Stadt kommt, da ruht sie aus; wo alle Dinge Gott in Gott sind, da ruhet sie. Die Stadt der Seele, die Gott ist, die ist ungenannt. Ich sage, dass Gott ungesprochen ist. Einen unserer ältesten Meister, der die Wahrheit schon lange und lange vor Gottes Geburt gefunden hat, ehe der Christenglaube vorhanden war, wie er jetzt ist, den dünkte es, dass alles, was er von den Dingen sprechen könnte, etwas Fremdes und Unwahres in sich trüge; darum wollte er schweigen. Er wollte nicht sagen: Gebt mir Brot, oder gebt mir zu trinken. Aus dem Grunde wollte er nicht von den Dingen sprechen, weil er von ihnen nicht so rein sprechen konnte, wie sie aus der ersten Ursache entsprungen seien: darum wollte er lieber schweigen, und seine Notdurft zeigte er mit Zeichen der Finger. Da nun er nicht einmal von den Dingen reden konnte, so schickt es sich

für uns noch mehr, dass wir ganz und gar
schweigen müssen von dem, der da ein Ursprung
aller Dinge ist.

Nun sagen wir, Gott sei ein Geist. Dem
ist nicht so. Wäre Gott eigentlich ein Geist, so
wäre er gesprochen. Sankt Gregorius spricht:
Wir können von Gott nicht eigentlich sprechen.
Was wir von ihm sprechen, das müssen wir
stammeln.

10.

Von guten Gaben.

Ich pflege oft ein Wörtlein zu sprechen und es ist auch wahr: Wir rufen alle Tage und schreien im Paternoster: Herr, dein Wille geschehe! Wenn aber dann sein Wille geschieht, so wollen wir zürnen und ergeben uns nicht in seinem Willen. Was er auch tut, dass müsste uns das Beste dünken und am allerbesten gefallen. Die es so zum besten nehmen, die bleiben allewege in ganzem Frieden. Ihr aber sprecht manchmal: Ach, wäre es anders gekommen, so wäre es besser, oder wäre es nicht so gekommen, so wäre es vielleicht besser gekommen. Solange dich das dünkt, gewinnst du nimmer Frieden. Du sollst es zum allerbesten nehmen.

Ich sprach einst: Was eigentlich gewortet werden kann, das muss von innen herauskommen und von seiner Form ausgehen und darf nicht von aussen hineingehen. Das lebt eigentlich im Innigsten der Seele. Da sind dir alle Dinge gegenwärtig und innerlich lebend und suchend und sind im Besten und im Höchsten. Warum empfindest du das nicht? Da bist du nicht heimisch. Je höher im Rang ein Ding ist, um so allgemeiner ist es. Den Sinn habe ich gemein mit den Tieren und das Leben mit den Bäumen. Das Sein ist mir noch tiefer innen, das habe ich gemein mit allen Kreaturen. Der Himmel ist mehr als alles, was daneben ist, darum ist er auch höher im Range. Die Liebe steht hoch im Rang, weil sie allgemein ist. Es scheint schwer, dass unser Herr geboten hat, man solle den Mitchristen lieben wie sich selbst. Dies fasst der gemeine Mann gewöhnlich so auf, man solle sie in demselben Sinne lieben, in dem man sich selber liebt. Nein, so soll es nicht sein. Man soll sie ebensosehr lieben wie sich selbst, und das ist nicht schwer. Wollt ihr's gut merken, so ist es mehr Lohnes wert als ein Gebot. Das Gebot scheint schwer, und der Lohn ist begehrenswert. Wer Gott liebt, wie er ihn lieben soll und muss (ob er will oder nicht), und wie ihn alle Kreaturen lieben, der muss seinen Mitmenschen lieben wie sich selbst und sich seiner Freuden und Ehren freuen und danach trachten wie nach seiner eigenen Ehre, und nach dem Fremden wie nach dem Seinen. Und so ist der Mensch allezeit in Freuden, in Ehren und in Nutzen, so

ist er ganz wie im Himmelreich und so hat er
stärkere Freuden, als wenn er sich allein seines
Gutes freute.

Und wisse in Wahrheit, ist dir mehr an
deiner eigenen Ehre als an der eines andern gelegen, so ist es unrecht. Wisse, wenn du das
deine suchst, da findest du Gott nimmer, wenn
du nicht rein Gott suchst. Du suchst etwas mit
Gott, und tust gerade so wie wenn einer aus
Gott eine Kerze machte, mit der man etwas
sucht, und wenn man das Ding findet, so wirft
man die Kerze weg. So tust du: was du mit
Gott suchst, das ist nichts, Nutzen, Lohn, Innerlichkeit oder was es auch sei; du suchst nichts,
darum findest du auch nichts. Alle Kreaturen
sind lauter Nichts. Ich sage nicht, dass sie gering sind oder wenig sind: sie sind gar nichts.
Wer kein Sein hat, ist nichts. Alle Kreaturen
haben kein Sein, denn ihr Sein hängt an der
Gegenwart Gottes. Kehrte sich Gott einen Augenblick ab, sie würden zunichte. Ich sprach manchmal und so ist es auch: Wer die ganze Welt
nähme und Gott dazu, der hätte nicht mehr als
wenn er Gott allein hätte. Alle Kreaturen haben
nicht mehr ohne Gott, als wer eine Mücke hätte
ohne Gott, ganz ebenso, nicht weniger und nicht
mehr.

Fürwahr, nun achtet auf ein wahres Wort.

Gäbe ein Mensch tausend Pfund Goldes, auf dass
man damit Kirchen und Klöster baute, so wäre
das ein grosses Ding. Aber doch hätte der viel
mehr gegeben, der tausend Pfund für nichts
achten könnte: der hätte viel mehr getan als jener.
Als Gott alle Kreaturen schuf, da waren sie so
erbärmlich und so eng, dass er sich nicht darin bewegen konnte. Jedoch die Seele machte er so
sich gleich und so eben das Nämliche, damit
er sich der Seele hingeben könnte: denn was er
ihr sonst geben könnte, das achtet sie nicht. Gott
muss mir sich selbst zu eigen geben, so wie er
sich selbst gehört, oder es wird mir nichts und
es schmeckt mir nichts. Wer ihn so ganz empfangen will, der muss sich selbst ganz ergeben
haben und aus sich selbst herausgegangen sein.

Ich ward einst gefragt, was der Vater im
Himmel täte? Da sprach ich: Er gebiert seinen
Sohn, und dies Werk ist ihm so reizend und ge-
fällt ihm so gut, dass er nichts anderes mehr tut,
und aus ihnen beiden erblüht der heilige Geist.
Wenn der Vater seinen Sohn in mir gebiert, so
bin ich dieser Sohn und kein anderer; unter Menschen gibt es da einen und dort einen, aber da
bin ich derselbe und kein anderer.

Gottes Natur ist, dass er gibt, und sein
Wesen hängt daran, dass er uns gibt, wenn wir
demütig sind. Sind wir das nicht, so empfangen

wir auch nichts und tun ihm Gewalt an und
töten ihn. Wenn die Seele der Zeit und des
Raumes ledig ist, so sendet der Vater seinen Sohn
in die Seele. Es spricht ein Wörtlein: „Die beste
Gabe kommt von oben herab, vom Vater der
Lichter." Dass wir bereitet seien, die beste Gabe
zu empfangen, dazu verhelfe uns Gott, der
Vater der Lichter. Amen.

11.

Von unsagbaren Dingen.

„Fürchtet nicht, die euch körperlich töten wollen, denn die Seele können sie nicht töten," denn Geist tötet nicht Geist. Geist gibt dem Geist Leben. Die euch töten wollen, das ist Blut und Fleisch, und das stirbt miteinander. Das Edelste, was am Menschen ist, ist das Blut, wenn es guten Willens ist. Aber das Aergste, was am Menschen ist, ist das Blut, wenn es bösen Willens ist. Siegt das Blut über das Fleisch, so ist der Mensch demütig, geduldig und keusch und hat alle Tugend in sich. Siegt aber das Fleisch über das Blut, so wird der Mensch hochfahrend, zornig und unkeusch und hat alle Untugend in sich.

Nun passt auf, ich will jetzt sagen, was ich nie gesagt habe. Als Gott den Himmel, die Erde und alle Kreaturen schuf, da wirkte Gott nicht; er hatte nichts zu wirken; in ihm war auch kein Werk. Da sprach Gott: „Wir machen einen Gleichen." Schöpfen ist ein leichtes Ding, das

tut man, wenn und wie man will. Aber was ich
mache, das mache ich selbst aus mir selbst und
in mir selbst und drücke mein Bild ganz und
gar darein.

Als Gott den Menschen machte, da wirkte
er in der Seele sein Werk des Gleichen, sein
wirkendes und sein immerwährendes Werk. Das
Werk war so gross, dass es nichts anderes war
als die Seele: die war das Werk Gottes. Gottes
Natur, sein Wesen und seine Gottheit hängt
daran, dass er in der Seele wirken muss. Gottes
Segen, Gottes Segen! Wenn Gott in der Seele
wirkt, dann liebt er sein Werk. Das Werk ist
die Liebe und die Liebe ist Gott. Gott liebt
sich selbst und seine Natur, sein Wesen und
seine Gottheit. In der Liebe, worin Gott mich
liebt, liebt er alle Kreaturen. Nicht als Kreaturen
liebt er sie, sondern die Kreaturen als Gott.
Mit der Liebe, worin Gott sich liebt, liebt er alle
Dinge.

Nun will ich sagen, was ich nie gesagt habe.
Gott empfindet und schmeckt sich selbst. Mit
dem Geschmack, womit Gott sich schmeckt,
schmeckt er alle Kreaturen, nicht als Kreaturen,
sondern die Kreaturen als Gott. In dem Geschmack, womit Gott sich schmeckt, schmeckt
er alle Dinge. Nun passt auf. Alle Kreaturen
nehmen ihren Lauf zu ihrer höchsten Voll-

kommenheit. Nun bitte ich euch, vernehmet bei
der ewigen Wahrheit und bei meiner Seele. Nun
will ich sagen, was ich nie gesagt habe: Gott und
Gottheit unterscheiden sich so sehr wie Himmel
und Erde. Ich sage mehr: Der innere und der
äussere Mensch unterscheiden sich gleichfalls so
sehr wie Himmel und Erde. Der Himmel steht viel
tausend Meilen darüber. Gott wird und wird zunichte. Nun komme ich wieder auf meine Rede:
Gott schmeckt sich selbst in allen Dingen. Die
Sonne wirft ihren lichten Schein aus auf alle
Kreaturen, und worauf die Sonne ihren Schein
wirft, das zieht sie in sich und verliert doch nicht
ihre Scheinhaftigkeit. Alle Kreaturen geben ihr
Leben um ihres Wesens willen auf. Alle Kreaturen tragen sich in meine Vernunft hinein, damit sie in mir vernüftig sind. Ich allein bringe
alle Kreaturen zu Gott zurück.

Wartet, was ihr alle tut. Nun komme ich
wieder auf meinen innern und äussern Menschen.
Ich betrachte die Lilien auf dem Felde und ihren
lichten Schein und ihre Farbe und alle ihre
Blätter. Aber ihren Duft sehe ich nicht. Warum? Weil der Duft in mir ist. Aber auch
was ich spreche, ist in mir, und ich spreche es
aus mir heraus. Alle Kreaturen schmecken meinem
äussern Menschen als Kreaturen, als Wein und
Brot und Fleisch. Aber meinem innern Men-

schen schmeckt nichts als Kreatur, sondern als
Gabe Gottes. Und mein innerster Mensch
schmeckt sie nicht als Gabe Gottes, sondern als
immer und ewig. Ich nehme ein Becken mit
Wasser und lege einen Spiegel hinein und setze
es unter das Rad der Sonne, so wirft die Sonne
ihren lichten Schein aus dem Rad und aus dem
Boden der Sonne und vergeht doch nicht. Das
Widerspiegeln des Spiegels in der Sonne ist in
der Sonne. Ist Sonne und sie ist doch was sie
ist. So ist es mit Gott. Gott ist mit seiner
Natur, seinem Wesen und seiner Gottheit in
der Seele, und er ist doch nicht die Seele. Das
Widerspiegeln der Seele ist in Gott. Ist Gott
und sie ist doch was sie ist. Gott wird da zu
allen Kreaturen — Gottes Sprechen wird da zu
Gott.

Als ich in dem Grunde, in dem Boden, in
dem Fluss und in der Quelle der Gottheit stand,
da fragte mich niemand, wohin ich wollte oder
was ich täte: da war niemand, der mich fragte.
Als ich floss, da sprachen alle Kreaturen Gott.
Fragte man mich: Bruder Eckhart, wann gingt
Ihr aus dem Hause? Da war ich drinnen. So
sprechen alle Kreaturen von Gott. Und warum
sprechen sie nichts von der Gottheit? Alles, was
in der Gottheit ist, ist eins, und davon ist nichts
zu sprechen. Gott wirkt, die Gottheit wirkt

nicht, sie hat nichts zu wirken, in ihr ist kein Werk. Gott und Gottheit unterscheidet sich wie Wirken und Nichtwirken. Wenn ich wieder in Gott komme, dann bilde ich nicht, so steht meine Mündung viel höher als mein Ursprung. Ich allein bringe alle Kreaturen aus ihrer Vernunft in meine Vernunft, dass sie in mir eins sind. Wenn ich in den Grund, in den Boden, in den Fluss und in die Quelle der Gottheit komme, so fragt mich niemand, woher ich komme oder wo ich gewesen sei. Da vermisste mich niemand, das hört da alles auf.

Wer diese Predigt verstanden hat, dem gönne ich's gern. Wäre hier kein Mensch gewesen, so hätte ich sie diesem Stocke predigen müssen. Es sind etliche arme Leute, die gehen wieder heim und sagen: ich will mich auf den Stuhl setzen, und mein Brot essen und Gott dienen. Ich sage aber in Wahrheit, diese Leute müssen verirrt bleiben und können nimmer erreichen und erlangen, was die andern erreichen, die Gott in Armut und Entblösstheit nachgehn. Amen.

12.

Vom Leiden Gottes.

Ein Lehrer spricht: Du reicher Gott, wie wohl wird mir, trägt meine Liebe Früchte dir!

Unser Herr spricht zu einer jeglichen liebenden Seele: „Ich bin euch Mensch gewesen, wenn ihr mir nicht Götter seid, so tut ihr mir unrecht. Mit meiner göttlichen Natur wohnte ich in eurer menschlichen Natur, so dass niemand meine göttliche Gewalt kannte und man mich wandeln sah wie einen andern Menschen. So sollt ihr euch mit eurer menschlichen Natur in meiner göttlichen Natur bergen, dass niemand eure menschliche Schwäche an euch erkenne und dass euer Leben zumal göttlich sei, dass man an euch nichts erkenne als Gott." Und das geschieht nicht dadurch, dass wir süsse Worte und geistliche Gebärden annehmen und dass wir im Geruch der Heiligkeit stehen oder dass unser Name fern und weit getragen werde und wir von Gottes Freunden geliebt werden oder dass

wir von Gott so verwöhnt und verzärtelt sind,
dass es uns vorkommt, Gott habe alle Kreaturen
vergessen bis auf uns allein, und dass wir wähnen,
was wir von Gott begehren, das sei jetzt alles
geschehen. Nein, nicht also! Nicht das heischt
Gott von uns; es steht ganz anders.

Er will, dass wir frei und unbewegt gefunden
werden, so man uns nachsagt, wir seien falsche
und unwahrhafte Leute, und was man sonst von
uns sprechen kann, um uns unsern guten Leu-
mund zu nehmen, und nicht allein, dass man
schlecht von uns spricht, sondern auch schlecht
gegen uns handelt und uns die Hilfe entzieht,
die wir für unsern Lebensbedarf nicht entbehren
können, und nicht allein am Bedarf göttlicher
Dinge, sondern uns auch an unserm Körper
schädigt, dass wir krank werden oder sonst in
schmerzliche Mühsal des Körpers verfallen, und
wenn die Leute, während wir in allen unsern
Werken das allerbeste tun, das wir ersinnen
können, uns das zum allerbösesten kehren, das
sie ersinnen können, und wenn wir das nicht
allein von den Menschen erdulden, sondern auch
von Gott, so dass er uns den Trost seiner Gegenwart entzieht und gerade so tut, als wäre eine
Mauer zwischen uns und ihm aufgerichtet, und
wenn er, falls wir mit unsrer Mühsal zu ihm
kommen, um Trost und Hülfe zu suchen, sich dann

gegen uns benimmt, wie wenn er seine Augen
vor uns schlösse, so dass er uns nicht sehen
noch hören will und er uns allein stehen lässt
im Kampf mit unsern Nöten, wie Christus
von seinem Vater verlassen ward: sehet, dann
sollten wir uns in seiner göttlichen Natur bergen,
dass wir in unserer Trostlosigkeit so unerschüttert
stünden, uns mit nichts anderm zu helfen als
allein mit dem Worte, das Christus sprach: „Vater,
all dein Wille werde an mir vollbracht."

Gott ist ein so beschaffenes Wesen, dass
man es am besten mit Nichts erkennt. Wieso
mit Nichts? Dadurch, dass man alles Mittel ab-
tut, aber nicht etwa bloss der Welt entsagen und
Tugend haben, sondern ich muss auch die Tugend lassen, wenn ich Gott unmittelbar sehen
will; nicht so, dass ich der Tugend entsage, sondern die Tugend soll in mir wesenhaft wohnen
und ich soll über der Tugend wohnen. Wenn
so des Menschen Gedanken kein Ding mehr berühren kann, dann erst berührt er Gott. Ein
heidnischer Meister sagt, dass die Natur über
die Natur nichts vermag. Daher kann Gott von
keiner Kreatur erkannt werden. Soll er erkannt
werden, so muss das in einem Licht über der
Natur geschehen.

Die Meister haben eine Frage, woher das
komme, wenn Gott die Seele über sie selbst und

über alle Kreaturen erhebe und er sie zu sich
selbst heimgeführt habe, warum er denn den
Leib nicht auf eine höhere Stufe hebe, so dass
er irdischer Dinge nicht bedürfte? Dies be-
antwortet ein Meister — ich glaube, es ist Sankt
Augustin — und sagt folgendes: Wenn die Seele
zur Vereinigung mit Gott gelangt, erst dann ist
der Leib vollkommen dazu gelangt, dass er alle
Dinge zu Gottes Ehre geniessen kann. Denn
um des Menschen willen sind alle Kreaturen ausgeflossen, und was der Leib vernünftig von den
Kreaturen geniessen kann, das ist für die Seele
kein Abfall, sondern eine Erhöhung ihrer Würde,
denn die Kreatur könnte keine edlere Mündung
finden, um wieder zu ihrem Ursprung zu gelangen, als den rechten Menschen, der einen
Augenblick seiner Seele gestattet, dass er in die
Vereinigung mit Gott hinaufgezogen wird. Denn
zwischen Gott und der Seele ist dann kein Hindernis, und sofern die Seele Gott in die Wüste
der Gottheit folgt, sofern folgt der Leib dem
lieben Christus in die Wüste der freiwilligen
Armut, und wie die Seele mit der Gottheit vereint ist, so ist der Leib mit der Wirkung wahrer
Tugend in Christus vereint. So kann der himmlische Vater wohl sprechen: „Dies ist mein lieber
Sohn, in dem ich mir selber wohl gefalle," denn
er hat nicht allein in die Seele geboren seinen

eingeborenen Sohn, nein, er hat sie selbst seinem
eingeborenen Sohn geboren.

Wohlauf, aus allertiefstem Herzen! Mensch,
was kann dir hart oder bitter zu leiden sein,
wenn du recht betrachtest, dass der, der da in
der Form Gottes und im Tage seiner Ewigkeit
im Glanze der Heiligen war, und der zuvor geboren war als ein Strahl und eine Substanz
Gottes, dass der in den Kerker und den Leim
deiner beschmeckenden Natur kommt, die so unrein ist, dass alle Dinge, so rein sie sich ihr
nahen, in ihr stinkend und unrein werden, und
dass er doch um deinetwillen gänzlich hinein-
gesteckt werden wollte? Was gibt es, das dir
nicht süss sein sollte zu leiden, wenn du die
Bitternis deines Herrn und Gottes zusammenliest
und wenn du zurückdenkst an all die Bitternis
und all die Schmach, die auf ihn fiel? Welche
Schmach und Schande er litt von den Fürsten
und von den Rittern und von den bösen Knechten
und von denen, die den Weg vor dem Kreuze
auf und nieder gingen? Wie die Klarheit des
ewigen Lichtes verspieen und verspottet und ver-
höhnt ward? Fürwahr, welch eine grosse schuld-
lose Barmherzigkeit und wohlbewährte Liebe, die
mir an keinem Orte so vollkommen gewährt ward,
als an dem Orte, wo die Kraft der Liebe aus
seinem Herzen brach! Darum mache dir ein

Bündel aus allerhand Bitternis deines Herrn und
Gottes und lass es allezeit zwischen deinen
Brüsten wohnen, und sieh seine Tugend an und
beschaue sie, wie fördersam er dein Heil in
allen seinen Werken bedacht hat, und gib wohl
acht, dass du ihm mit derselben Münze ver-
giltst seinen schändlichen, schmachvollen Tod
und seine schmerzhafte Natur, mit der er ohne
Schuld für deine Schuld gelitten hat, als ob es
seine eigene Schuld wäre, wie er selbst in dem
Propheten von seinem Schmerze spricht, indem
er sagt: „Seht, das leide ich um meiner Ver-
schuldung willen," und wo er von der Frucht
seiner Werke spricht, da sagte er: „Seht, diesen
Reichtum sollt ihr besitzen für eure Werke," und
nennt unsre Sünde seine Sünde und sein Werk
unsere Werke, denn er hat unsere Sünde gut-
gemacht, als ob er sie selbst getan hätte, und
wir besitzen den Lohn seiner Werke, gerade als
ob wir sie gewirkt hätten. Und dies soll unsere
Mühsal gering machen, denn der gute Ritter
klagt nicht um seine Wunden, wenn er den
König ansieht, der mit ihm verwundet ist. Er
bietet uns einen Trank, den er zuvor getrunken
hat. Er schickt uns nichts, was er nicht vorher
getan oder gelitten hätte. Darum sollen wir
grosse Liebe zum Leiden haben, denn Gott hat
nie etwas anderes getan, solange er auf Erden

war. Dass wir so unsre menschliche Natur und all unsre Schwäche in göttliche Natur verwandeln und verlieren, dass an uns nichts gefunden werde als lauter Gott, das walte Gott. Amen.

———

13.

Von der Einheit der Dinge.

Als ich heute hierherging, überlegte ich mir, wie ich euch so vernünftig predigen könnte, dass ihr mich wohl verstündet, und ich dachte mir ein Gleichnis aus. Wenn ihr das recht verstehen könntet, so verstündet ihr meinen Sinn und den Grund aller meiner Meinungen, den ich immer predigte. Es war aber das Gleichnis von meinen Augen und von dem Holze. Wenn mein Auge aufgetan wird, so ist es mein Auge. Ist es zu, so ist es dasselbe Auge, wegen des Sehens geht dem Holze weder etwas ab noch etwas zu. Nun merket recht auf. Geschieht aber das, dass mein Auge an sich selbst eins und einheitlich ist und aufgetan und auf das Holz geworfen wird mit einem Ansehen, so bleibt ein jegliches, was es ist, und doch werden sie in der Wirksamkeit des Ansehens wie eines, so dass man sagen kann: Auge-Holz, und das Holz ist mein Auge. Wäre aber das Holz ohne

Materie und ganz geistig, wie das Gesicht meiner Augen, so könnte man in Wahrheit sagen, dass in der Wirksamkeit meines Gesichts das Holz und mein Auge aus e i n e m Wesen bestehen. Ist dies wahr von körperlichen Dingen, viel mehr wahr ist es von geistigen Dingen. Ihr sollt wissen, mein Auge hat viel mehr Einheit mit den Augen eines Schafes, das jenseits des Meeres ist, und das ich nie gesehen habe, als mit meinen Ohren, mit denen es doch eins ist im Wesen; und das kommt daher, weil das Auge des Schafes dieselbe Wirksamkeit hat wie mein Auge, und daher spreche ich ihnen mehr Einheit im Wirken zu als meinen Augen und Ohren, denn die sind im Wirken verschieden.

Ich habe manchmal von einem Licht gesprochen, das in der Seele ist und das ungeschaffen und unerschafflich ist. Eben dieses Licht pflege ich allewege in meiner Predigt zu berühren, und dieses Licht nimmt Gott unmittelbar und ohne Hüllen wahr, rein wie es an sich selbst ist, und diese Wahrnehmung findet statt in der Wirksamkeit der Hineingebärung. Da kann ich wahrlich sagen, dieses Licht hat mehr Einheit mit Gott als mit sonst einer Kraft, mit der es doch im Wesen eins ist. Denn ihr sollt wissen, dieses Licht ist im Wesen meiner Seele nicht höher im Rang als die niederste oder allergewöhnlichste

Kraft, die von Hunger oder Durst, Frost oder
Hitze befallen werden kann, und das kommt daher, dass das Wesen einfach ist. Wenn man
demnach die Kräfte im Wesen betrachtet, sind
sie alle eins und gleich im Rang; aber betrachtet
man sie in ihren Werken, dann ist eine viel edler
und höher als die andere.

Darum sage ich: wenn sich der Mensch von
sich selbst und von allen geschaffenen Dingen
abkehrt, so weit du das tust, so weit wirst du
geeint und beseligt in dem Fünklein der Seele,
das nie Zeit oder Raum berührt hat. Dieser Funke
entzieht sich allen Kreaturen und will nur Gott,
wie er an sich selbst ist. Er begnügt sich nicht
mit Vater oder Sohn oder heiligem Geist, und
nicht mit den drei Personen, sofern jede für sich
in ihrer Eigenschaft dasteht. Ich sage wahrlich,
eben dieses Licht begnügt sich nicht mit der
Eigenhaftigkeit der fruchtbaren Beschaffenheit der
göttlichen Natur. Ich will noch mehr sagen, was
noch wunderbarer lautet: ich sage in guter Wahrheit, dieses Licht begnügt sich nicht mit dem
einfachen stillstehenden göttlichen Wesen, das
weder gibt noch nimmt, sondern es will wissen,
woher dieses Wesen kommt, es will in den einfachen Grund, in die stille Wüste, wohin nie
etwas Unterschiedenes, weder Vater noch Sohn
noch heiliger Geist, gedrungen ist; in dem Innig-

sten, wo niemand heimisch ist, da begnügt es
sich in einem Lichte, und da ist es einiger als
in sich selbst; denn dieser Grund ist eine einfache Stille, die in sich selbst unbeweglich ist,
und von dieser Unbeweglichkeit werden bewegt
und da empfangen ihr ganzes Leben alle Dinge,
die vernünftig leben und sich in sich selbst ver-
senkt haben. Dass wir so vernünftig leben, das
walte Gott. Amen.

14.

Wie Jesus am Stricke zog.

Nemo potest ad me venire, nisi pater meus
traxerit eum (Joh. VI, 44). Diese Worte hat
unser Herr Jesus Christus mit seinem süssen
Mund im Evangelium gesprochen, und sie be-
deuten: „Niemand kann zu mir kommen, als den
mein Vater ziehet."

Nun sollen wir wissen, bevor unser Herr
Jesus Christus geboren wurde, zog der himmlische Vater aus aller Kraft fünftausendzweihundert
Jahre lang, ohne dass er einen einzigen Menschen
ins Himmelreich ziehen konnte. Als nun der
Sohn sah, dass der Vater sich abgemüht und so
kräftig gezogen und doch nichts geschafft hatte,
da sprach er zu dem Vater: „Ich will sie mit
den Seilen Adams ziehen," gerade als ob er
sagte: Ich sehe wohl, Vater, dass du mit aller
deiner Kraft nichts schaffen kannst; darum will
ich mit meiner Weisheit sie an den Seilen Adams
ziehen. Daher liess der Sohn sich hernieder vom

Himmelreich in den Leib unsrer Frau und nahm
da alle unsre leiblichen Gebrechen an sich, aber
ohne die Sünde und die Unvernunft, in die uns
Adam geworfen hatte, und machte ein Seil aus
allen seinen Worten und seinen Werken und all
seinen Gliedmassen und seinen Adern und zog
in all seiner Weisheit so sehr von Herzen, dass
am Ende blutiger Schweiss aus seinem heiligen
Leib herausbrach. Und als er dreiunddreissig
Jahre lang gezogen hatte, ohne etwas zu schaffen,
da sah er doch schon die Bewegung und Los-
lösung aller Dinge; die wollten ihm folgen. Daher sprach er: „Würde ich an das Kreuz erhöht, so zöge ich alle Dinge zu mir." Daher ward
er ans Kreuz gespannt und legte allen seinen
Glanz und alles, was ihn am Ziehen hätte hindern
können, ab.

Nun gibt es drei Dinge, die von Natur ziehen,
und die hatte er alle bei sich am Kreuze. Daher
zog er an einem Vormittag mehr als vorher in
dreiunddreissig Jahren. Das erste Ding, das
natürlich an sich zieht, ist Gleichheit, wie wir
sehen, dass der Vogel den Vogel anzieht, der
ihm von Natur aus gleich ist. Mit dieser Gottheit und Gleichheit zog er den himmlischen Vater
zu sich, denn der ist ihm gleich an Gottheit.
Um ihn desto mehr an sich zu ziehen, damit
er seines Zornes vergesse, spricht er: „Herzlieber

Vater, weil du die Sünde trotz all der Opfer,
die dir im alten Bunde gebracht wurden, nie
vergeben wolltest, so sage ich, mein Vater, deines
Herzens eingeborener Sohn, der dir in allen
Stücken an Gottheit gleich ist, und in dem du
allen Schatz göttlicher Liebe und Reichtums ge-
borgen hast: ich komme an das Kreuz, auf dass
ich vor deinen Vateraugen ein lebendiges Opfer
werde, dass du die Augen deiner väterlichen Barmherzigkeit senkst und mich ansiehst, deinen eingeborenen Sohn, und schau mein Blut an, das
aus meinen Wunden fliesst und lisch das feurige
Schwert aus, mit dem du, in der Hand des Engels
Cherubim, den Weg zum Paradies verschlossen
hast, damit jetzt alle frei hineingehen können,
die in mir ihre Sünde bereuen und beichten und
büssen."

Das zweite, was natürlich zieht, ist ein leerer
Raum, wie wir sehen, dass das Wasser, wenn
man die Luft aus einem Rohr herauszieht, bis
an den Mund hinaufläuft, denn wenn die Luft
hinausgeht, ist das Rohr leer; die Leere zieht
dann das Wasser an sich. Also machte sich unser
Herr Jesus Christus leer, als er mit seiner Weisheit alle Dinge an sich ziehen wollte, denn er
liess alles Blut ausfliessen, das in seinem Körper
war, und dadurch zog er alle Barmherzigkeit und
Gnade, die im Herzen seines Vaters war, so

vollständig und so reichlich an sich, dass es für die ganze Welt genug war. Darum sprach der Vater: „Meiner Barmherzigkeit will ich nimmer vergessen," und sprach weiter: „Mein Sohn, nun sei kühn und stark, denn du sollst das Volk allesamt in das Land geleiten, das ich verheissen habe, in das Land himmlischer Freuden, das da überfliesst vom Honig meiner ewigen Gottheit und von der Milch deines Menschtums."

Drittens ziehen heisse Dinge, wie wir sehen, dass die Sonne den Dampf von der Erde zum Himmel hinaufzieht, daher ward auch unser Herr Jesus Christus am Kreuze heiss und hitzig, denn sein Herz brannte am Kreuze wie eine Feueresse oder ein Ofen, wo die Flamme an allen Enden hinausschlägt; so brannte er am Kreuze im Feuer der Liebe zu aller Welt. Daher zog er auch mit der Hitze seiner Liebe alle Welt an sich, denn sie gefiel ihm so sehr, dass niemand sich vor seiner Hitze bergen konnte, wie Herr David im Psalter sagt. Denn nichts, was unser Herr Jesus Christus je tat, geschah mit so grosser Liebe, wie die Marter, die er am Kreuze erlitt, denn da gab er seine Seele für uns, und wusch unsre Sünde in seinem teuren Blute und brachte sich zum Opfer, um dem lebendigen Gott zu dienen. Daher zog er uns auch mit seiner Liebe am Kreuze allgewaltig an sich, so dass alle die, denen sein Tod und seine Marter zu Herzen geht, mit ihm in Ewigkeit selig werden. Amen.

———————

15.

Von der Erkenntnis Gottes.

Unser lieber Herr spricht, dass das Reich Gottes nahe bei uns ist. Ja, das Reich Gottes ist in uns, und Sankt Paulus spricht, dass unser Heil näher bei uns ist, als wir glauben. Nun sollt ihr wissen, wie das Reich Gottes uns nahe ist. Hiervon müssen wir den Sinn recht achtsam merken. Denn wäre ich ein König und wüsste es selbst nicht, so wäre ich kein König. Aber hätte ich die feste Ueberzeugung, dass ich ein König wäre, und meinten und glaubten das alle Menschen mit mir, so wäre ich ein König und aller Reichtum des Königs wäre mein. So ist auch unsere Seligkeit daran gelegen, dass man das höchste Gut, das Gott selbst ist, erkennt und weiss. Ich habe eine Kraft in meiner Seele, die Gottes allzumal empfänglich ist. Ich bin dessen so gewiss, wie ich lebe, dass mir kein Ding so nahe ist wie Gott. Gott ist mir näher als ich mir selber bin, mein Wesen hängt daran,

dass Gott mir nahe und gegenwärtig ist. Das
ist er ebenso einem Stein und einem Holze,
aber sie wissen es nicht. Wüsste das Holz Gott
und erkennte es, wie nahe er ihm ist, wie es
der höchste Engel erkennt, das Holz wäre so
selig wie der höchste Engel. Und darum ist
der Mensch seliger als ein Holz, weil er Gott
erkennt und weiss, wie nahe ihm Gott ist. Nicht
davon ist er selig, dass Gott in ihm ist und ihm
so nahe ist und dass er Gott hat, sondern davon, dass er Gott erkennt, wie nahe er ihm ist,
und dass er Gott wissend und liebend ist, und
der soll erkennen, dass Gottes Reich nahe ist.

Wenn ich an Gottes Reich denke, dann befällt mich tiefes Schweigen, seiner Grösse wegen;
denn Gottes Reich ist Gott selbst mit all seinem
Reichtum. Gottes Reich ist kein kleines Ding:
wer an alle Welten dächte, die Gott machen
könnte, das ist nicht Gottes Reich. Der Seele,
in der Gottes Reich erglänzt und die Gottes
Reich erkennt, braucht man nicht predigen oder
lehren, sie wird vom ihm belehrt und des ewigen
Lebens getröstet. Wer weiss und erkennt, wie
nahe ihm Gottes Reich ist, der kann mit Jakob
sprechen: „Gott ist an diesem Ort und ich wusste
es nicht."

Gott ist in allen Kreaturen gleich nahe. Der
Weise spricht: „Gott hat seine Netze und Stricke

7

auf alle Kreaturen ausgeworfen, so dass man ihn
in einer jeden finden und erkennen kann, wenn
man es wahrnehmen will." Ein Meister spricht:
Der erkennt Gott recht, der ihn in gleicher Weise
in allen Dingen erkennt; und wenn einer Gott
in Furcht dient, ist es gut; wenn er ihm aus
Liebe dient, ist es besser; aber wer ihn in
Fürchten lieben kann, das ist das allerbeste. Dass
ein Mensch ein Leben der Ruhe oder Rast in
Gott hat, das ist gut; dass der Mensch ein Leben
der Pein mit Geduld trägt, ist besser; aber dass
man in dem peinvollen Leben seine Rast habe,
das ist das allerbeste. Ein Mensch gehe auf dem
Felde [und spreche sein Gebet] und erkenne Gott,
oder er sei in der Kirche und erkenne Gott:
wenn er Gott darum, weil er an einem Ruhe-
platz ist, eher erkennt, so kommt das von seiner
Schwäche, nicht von Gott, denn Gott ist in allen
Dingen und an allen Orten gleich und ist bereit,
soweit es an ihm ist, sich überall in gleicher
Weise zu geben, und der erkennte Gott richtig, der ihn überall in gleicher Weise erkennte.

Wie der Himmel an allen Orten gleich fern
von der Erde ist, so soll auch die Seele gleich
fern sein von allen irdischen Dingen, und dem
einen nicht näher sein als dem andern, und sie
soll sich gleichmütig halten in Liebe, in Leid,
im Haben, im Entbehren, in alledem soll sie zu-

mal gestorben, gelassen und darüber erhoben
sein. Der Himmel ist rein und klar ohne alle
Flecke, den Himmel berührt weder Zeit noch
Raum. Alle körperlichen Dinge haben keinen
Raum darin. Er ist auch nicht in der Zeit, sein
Umlauf ist unglaublich schnell, sein Lauf ist
ohne Zeit, aber von seinem Lauf kommt die Zeit.
Nichts hindert die Seele so sehr an der Erkennt-
nis Gottes als Zeit und Raum. Zeit und Raum
sind Stücke und Gott ist eins. Soll darum die
Seele Gott erkennen, so muss sie ihn über der
Zeit und über dem Raum erkennen; denn Gott
ist weder dies noch das, wie diese Dinge der
Mannigfaltigkeit; denn Gott ist eins.

Soll die Seele Gott erkennen, so darf sie
mit dem Nichts keine Gemeinschaft haben. Wer
Gott sieht, der erkennt, dass alle Kreaturen nichts
sind. Wenn man eine Kreatur mit der andern
vergleicht, so scheint sie schön und ist etwas;
aber wenn man sie mit Gott vergleichen will,
so ist sie nichts.

Ich sage mehr: soll die Seele Gott erkennen,
so muss sie auch ihrer selbst vergessen und muss
sich selbst verlieren; denn solange sie sich selbst
sieht und erkennt, sieht und erkennt sie
Gott nicht. Wenn sie sich um Gottes willen
verliert und alle Dinge verlässt, so findet sie sich
in Gott wieder, weil sie Gott erkennt, und dann

erkennt sie sich selbst und alle Dinge (von denen sie sich geschieden hat) in Gott in Vollkommenheit. Will ich das höchste Gut und die ewige Güte erkennen, wahrlich, so muss ich sie erkennen, wie sie gut an sich selbst ist, nicht wie die Güte geteilt ist. Will ich das wahre Wesen erkennen, so muss ich es erkennen, — wie das Sein an sich selbst ist, das heisst in Gott, nicht wie es in Kreaturen geteilt ist.

In Gott allein ist das ganze göttliche Wesen. In einem Menschen ist nicht ganzes Menschtum, denn ein Mensch ist nicht alle Menschen. Aber in Gott erkennt die Seele ganzes Menschtum und alle Dinge im Höchsten, denn sie erkennt sie in ihrem Wesen. Ein Mensch, der in einem schön gemalten Hause wohnt, weiss viel mehr davon als ein anderer, der nie hineinkam und viel davon sagen wollte. Daher ist es mir so gewiss als ich lebe und Gott lebt: wenn die Seele Gott erkennen will, muss sie ihn über Zeit und Raum erkennen. Und eine solche Seele erkennt Gott und weiss, wie nahe Gottes Reich ist, das heisst Gott mit all seinem Reichtum. Die Meister haben viel Fragens in der Schule, wie das möglich sei, dass die Seele Gott erkennen könne? Es liegt nicht an Gottes Strenge, dass er viel von den Menschen heischt; es liegt an seiner grossen Milde, dass er will, dass die Seele sich weiter mache, auf dass sie viel empfangen und er ihr viel geben könne.

Niemand soll denken, es sei schwer hierzu zu kommen, wiewohl es schwer klingt und auch wirklich im Anfang schwer ist, im Abscheiden und Sterben aller Dinge. Aber wenn man hineinkommt, so ist kein Leben leichter und fröhlicher und lieblicher; denn Gott gibt sich gar grosse Mühe, allezeit bei dem Menschen zu sein, und lehrt ihn, damit er ihn zu sich bringt, wenn er anders ihm folgen will. Es begehrte nie ein Mensch so sehr nach einer Sache, als Gott begehrt, den Menschen dazu zu bringen, ihn zu erkennen. Gott ist allzeit bereit, aber wir sind sehr unbereit; Gott ist uns nahe, aber wir sind ihm ferne; Gott ist drinnen, aber wir sind draussen; Gott ist zu Hause, wir sind in der Fremde. Der Prophet spricht: „Gott führt die Gerechten durch einen engen Weg in die breite Strasse, dass sie in die Weite und in die Breite kommen, das heisst: in wahre Freiheit des Geistes, der ein Geist mit Gott geworden ist." Dass wir ihm alle folgen, dass er uns in sich bringe, das walte Gott. Amen.

16.

Von der Armut.

Die Seligkeit tat ihren Mund der Weisheit auf und sprach: „Selig sind die Armen des Geistes, das Himmelreich ist ihrer." Alle Engel und alle Heiligen und alles was je geboren ward, muss schweigen, wenn diese ewige Weisheit des Vaters spricht; denn alle Weisheit der Engel und aller Kreaturen ist lauter nichts vor der Weisheit Gottes, die grundlos ist. Diese Weisheit hat gesagt, dass die Armen selig seien. Nun gibt es zweierlei Armut. Die eine ist eine äusserliche Armut und die ist gut und ist sehr an dem Menschen zu loben, der es mit Willen tut unserm Herrn Jesus Christus zulieb, weil er sie selber auf Erden geübt hat. Von dieser Armut will ich nichts weiter sagen. Aber es gibt noch eine andere Armut, eine inwendige Armut, von der dies Wort unseres Herrn zu verstehn ist, das er sagt: „Selig sind die Armen des Geistes oder an Geist."

Nun bitte ich euch, ihr möchtet so sein, dass ihr diese Rede versteht, denn ich sage euch bei der ewigen Wahrheit, wenn ihr der Wahrheit, von der wir jetzt reden, nicht gewachsen seid, so könnt ihr mich nicht verstehen. Etliche Leute haben mich gefragt, was Armut sei? Darauf wollen wir antworten.

. Bischof Albrecht sagt, der sei ein armer Mensch, dem alle Dinge, die Gott je schuf, nicht Genüge tun, und das ist gut gesagt. Aber wir sagen es noch besser und nehmen Armut in einem höheren Sinne. Das ist ein armer Mensch, der nichts will und nichts weiss und nichts hat. Von diesen drei Punkten will ich sprechen.

Zum ersten also heisst der ein armer Mensch, der nichts will. Diesen Sinn verstehn etliche Leute nicht recht; das sind die Leute, die peinlich an Pönitenzien und äusserlichen Bussübungen festhalten (dass die Leute in grossem Ansehen stehen, das erbarme Gott!) und sie erkennen doch so wenig von der göttlichen Wahrheit. Diese Menschen heissen heilig nach dem äussern Ansehen, aber von innen sind sie Esel, denn sie verstehen es nicht, die göttliche Wahrheit zu unterscheiden. Diese Menschen sagen, der sei ein armer Mensch, der nichts will. Das deuten sie so, der Mensch solle so sein, dass er an keinen Dingen seinen Willen mehr erfülle, vielmehr danach trachten solle, dem allerliebsten Willen Gottes zu folgen. Diese Menschen sind nicht übel daran, denn ihre Absicht ist gut; darum sollen wir sie loben; Gott und seine Barmherzigkeit erhalte sie. Aber ich sage mit guter Wahrheit, dass sie keine armen Menschen und nicht armen Menschen gleichzustellen sind. Sie sind in der Leute Augen gross geachtet, die sich auf nichts Besseres verstehen. Doch sage ich, dass sie Esel sind, die von göttlicher Wahrheit nichts verstehn. Mit ihren guten Absichten können sie vielleicht das Himmelreich erlangen, aber von dieser Armut, von der ich jetzt künden will, von der wissen sie nichts.

Wenn mich nun einer fragt, was denn ein armer Mensch sei, der nichts will, so antworte ich und spreche so. Solange der Mensch das hat, was in seinem Willen ist, und solange sein Wille ist, den allerliebsten Willen Gottes zu erfüllen, der Mensch hat nicht die Armut, von der wir sprechen wollen, denn dieser Mensch hat einen Willen, mit dem er dem Willen Gottes genug tun will, und das ist nicht das rechte. Denn will der Mensch wirklich arm sein, so soll er seines geschaffenen Willens so entledigt sein, wie er war als er nicht war. Und ich sage euch bei der ewigen Wahrheit, solange ihr den Willen habt, den Willen Gottes zu erfüllen und irgend nach der Ewigkeit und nach Gott begehret, so lange seid ihr nicht richtig arm; denn das ist ein armer Mensch, der nichts will und nichts erkennt und nichts begehrt.

Als ich in meiner ersten Ursache stand, da hatte ich keinen Gott und gehörte mir selbst; ich wollte nichts, ich begehrte nichts, denn ich war ein blosses Sein und ein Erkenner meiner selbst nach göttlicher Wahrheit; da wollte ich mich selbst und wollte kein anderes Ding; was ich wollte, das war ich, und was ich war, das wollte ich, und hier stand ich ledig Gottes und aller Dinge. Aber als ich aus meinem freien Willen hinausging und mein geschaffenes Wesen empfing, da bekam ich einen Gott; denn als keine Kreaturen waren, da war Gott nicht Gott; er war was er war. Als die Kreaturen wurden und ihr geschaffenes Wesen anfingen, da war Gott nicht in sich selbst Gott, sondern in den Kreaturen war er Gott. Nun sagen wir, dass Gott danach dass er Gott ist, nicht ein vollendetes Ziel der Kreatur ist und nicht so grosse Fülle, als die geringste Kreatur in Gott hat. Und gäbe es das, dass eine Fliege Vernunft hätte und vernünftig den ewigen Abgrund göttlichen Wesens, aus dem sie gekommen ist, suchen könnte, so sagen wir, dass Gott mit alledem, was Gott ist, die Fliege nicht ausfüllen und ihr nicht genug tun könnte. Deshalb bitten wir darum, dass wir Gottes entledigt

werden und die Wahrheit vernehmen und der
Ewigkeit teilhaft werden, wo die obersten Engel
und die Seelen in gleicher Weise in dem sind,
wo ich stand und wollte was ich war, und war
was ich wollte. So soll der Mensch arm sein des
Willens und so wenig wollen und begehren wie
er wollte und begehrte, als er nicht war. Und in
dieser Weise ist der Mensch arm, der nichts will.

Zum zweiten ist der ein armer Mensch, der
nichts weiss. Wir haben manchmal gesagt, der
Mensch sollte so leben als ob er nicht lebte,
weder sich selbst noch der Wahrheit noch Gott.
Aber jetzt sagen wir es anders und wollen ferner
sagen, dass der Mensch, der diese Armut haben
soll, alles haben soll, was er war als er nicht
lebte, in keiner Weise lebte, weder sich, noch der
Wahrheit, noch Gott, er soll vielmehr alles Wissens
so quitt und ledig sein, dass selbst nicht Erkennen
Gottes in ihm lebendig ist; denn als der Mensch
in der ewigen Art Gottes stand, da lebte in ihm
nichts anderes: was da lebte, das war er selbst.
Daher sagen wir, dass der Mensch so seines eigenen Wissens entledigt sein soll, wie er war als er
nicht war, und Gott wirken lasse, was er wolle,
und frei dastehe, als wie er von Gott kam.

Nun ist die Frage, wovon allermeist die Seelheit abhänge? Etliche Meister haben gesagt, es
komme auf das Begehren an. Andere sagen, es

komme auf Erkenntnis und auf Begehren an.
Aber wir sagen, sie hänge nicht von der Erkenntnis noch von dem Begehren ab, sondern
es ist ein Etwas in der Seele, aus dem fliesst Erkenntnis und Begehren, das erkennt selbst nicht
und begehrt nicht so wie die Kräfte der Seele.
Wer dies erkennt, der erkennt, wovon die Seelheit
abhänge. Dies Etwas hat weder vor noch nach
und es wartet nicht auf etwas Hinzukommendes,
denn es kann weder gewinnen noch verlieren.
Darum ist ihm jegliche Möglichkeit ganz und
gar benommen, in sich zu wirken, es ist vielmehr
immer dasselbe Selbe, das sich selbst in der Weise
Gottes verzehrt. So, meine ich, soll der Mensch
quitt und ledig dastehen, dass er nicht weiss noch
erkennt, was Gott in ihm wirkt, und dann kann
der Mensch Armut sein eigen nennen. Die Meister
sagen, Gott sei Wesen und zwar ein vernünftiges
Wesen und erkenne alle Dinge. Aber ich sage:
Gott ist weder Wesen, noch Vernunft, noch erkennt er etwas, nicht dies und nicht das. Darum
ist Gott aller Dinge entledigt, und darum ist er
alle Dinge. Wer nun des Geistes arm sein will,
der muss alles seinen eigenen Wissens arm sein,
als einer, der nichts weiss und kein Ding, weder
Gott, noch Kreatur, noch sich selbst. Dagegen
ist es nicht so, dass der Mensch begehren solle,
den Weg Gottes zu wissen oder zu erkennen.

Jn der Weise, wie ich gesagt habe, kann der Mensch arm sein seines eigenen Wissens.

Zum dritten ist der ein armer Mensch, der nichts hat. Viele Menschen haben gesagt, das sei Vollkommenheit, dass man nichts von den leiblichen Dingen dieser Erde hat, und das ist in einem gewissen Sinne schon wahr, wenn einer es mit Willen tut. Aber dies ist nicht der Sinn, den ich meine. Ich habe vorhin gesagt, der sei ein armer Mensch, der nicht den Willen Gottes erfüllen will, sondern so leben will, dass er seines eigenen Willens und des Willens Gottes so entledigt sei, wie er war als er nicht war. Von dieser Armut sagen wir, dass sie die ursprünglichste Armut sei. Zweitens sagen wir, das sei ein armer Mensch, der die Werke Gottes in sich selber nicht kennt. Wer so des Wissens und Erkennens ledig steht, wie Gott aller Dinge ledig steht, das ist die offenbarste Armut. Aber die dritte Armut, von der ich sprechen will, das ist die tiefste, nämlich dass der Mensch nichts hat.

Nun gebt ernstlich acht; ich habe oft gesagt, und es sagen es auch grosse Meister, der Mensch solle aller Dinge und aller Werke, sowohl innerlich wie äusserlich, so entledigt sein, dass er eine Eigenstätte Gottes sein könne, worin Gott wirken könne. Jetzt aber künden wir es anders. Steht die Sache so, dass der Mensch aller Dinge ledig

steht, aller Kreaturen und seiner selbst und Gottes,
und ist es noch so in ihm bestellt, dass Gott eine
Stätte in ihm zu wirken findet, so sagen wir:
solange das in dem Menschen ist, ist der Mensch
nicht arm in der tiefsten Armut, denn Gott ist
nicht der Meinung mit seinen Werken, der Mensch
solle eine Stätte in sich haben, worin Gott wirken
könne, sondern das ist eine Armut des Geistes,
dass der Mensch Gottes und aller seiner Werke
so ledig steht, dass Gott, wenn er in der Seele
wirken will, selbst die Stätte sei, worin er wirken
will, und das tut er gerne. Denn findet Gott den
Menschen so arm, so ist Gott sein eigenes Werk
empfangend und ist eine Eigenstätte seiner Werke
damit, dass Gott ein Wirken in sich selbst ist.
Allhier erlangt der Mensch in dieser Armut das
ewige Wesen, das er gewesen ist und das er jetzt
ist und das er in Ewigkeit leben soll.

Daher sagen wir, dass der Mensch arm dastehen soll, dass er kein Raum sein und keinen
haben soll, worin Gott wirken könne. Wenn der
Mensch einen Raum behält, dann behält er Unterschiedenheit. Darum bitte ich Gott, dass er mich
Gottes quitt mache, denn unwesenhaftes Wesen
und Sein ohne Dasein ist über Gott und über
Unterschiedenheit; da war ich selbst, da wollte
ich mich selbst und erkannte mich selbst diesen
Menschen machend, und darum bin ich Ursache

meiner selbst nach meinem Wesen, das ewig ist, und nach meinem Wesen, das zeitlich ist. Und darum bin ich geboren und kann nach der Weise meiner Geburt, die ewig ist, niemals ersterben. Nach der Weise meiner ewigen Geburt bin ich ewiglich gewesen und bin jetzt und soll ewiglich bleiben. Was ich nach der Zeit bin, das soll sterben und soll zunichte werden, denn es ist des Tages; darum muss es mit der Zeit verderben. In meiner Geburt wurden alle Dinge geboren, und ich war Ursache meiner selbst und aller Dinge, und wollte ich, so wäre ich nicht noch alle Dinge, und wäre ich nicht, so wäre Gott nicht. Es ist nicht nötig, dies zu verstehen.

Ein grosser Meister sagt, sein Münden stünde höher als sein Entspringen. Als ich aus Gott entsprang, da sprachen alle Dinge: Gott ist da. Nun kann mich das nicht selig machen, denn hier erkenne ich als Kreatur; dagegen in dem Münden, wo ich ledig stehen will im Willen Gottes, und ledig stehn des Willens Gottes und aller seiner Werke und Gottes selbst, da bin ich ü b e r allen Kreaturen und bin weder Gott noch Kreatur, sondern ich bin was ich war und was ich bleiben soll jetzt und immerdar. Da erhalte ich einen Ruck, der mich über alle Engel schwingen soll. Von diesem Ruck empfange ich so reiche Fülle, dass mir Gott nicht genug sein kann mit alledem, was er Gott ist, mit all seinen göttlichen Werken, denn mir wird in diesem Münden zu teil, dass ich und Gott eins sind. Da bin ich was ich war, und da nehme ich weder ab noch zu, denn ich bin da eine unbewegliche Ur-Sache, die alle Dinge bewegt. Allhier findet Gott keine Stätte im Menschen, denn der Mensch erlangt mit seiner Armut, dass er ewiglich gewesen ist und immer bleiben soll. Allhier ist Gott im Geist eins, und das ist die tiefste Armut, die man finden kann.

Wer diese Rede nicht versteht, der bekümmere sein Herz nicht damit. Denn solange der Mensch dieser Wahrheit nicht gewachsen ist, so lange wird er diese Rede nicht verstehen, denn es ist eine Wahrheit, die nicht ausgedacht ist, sondern unmittelbar gekommen aus dem Herzen Gottes. Dass wir so leben mögen, dass wir es ewig empfinden, das walte Gott. Amen.

17.

Von Gott und der Welt.

Das Allerbeste, das Gott dem Menschen je tat, das war, dass er Mensch ward. Davon will ich eine Geschichte erzählen, die wohl hierher gehört. Es war ein reicher Mann und eine reiche Frau, da stiess der Frau das Unglück zu, dass sie ein Auge verlor, dessen ward sie sehr betrübt. Da kam der Herr zu ihr und sprach: „Frau, warum seid ihr so betrübt? Ihr sollt darüber nicht betrübt sein, dass ihr euer Auge verloren habt." Da sprach sie: „Herr, ich bin nicht darum betrübt, weil ich mein Auge verloren habe; ich bin darum betrübt, weil es mich dünkt, ihr müsstet mich nun weniger lieb haben." Da sprach er: „Frau, ich habe euch lieb." Danach nicht lange nachher stach er sich selbst ein Auge aus und kam zu der Frau und sprach: „Frau, damit ihr nun glaubt, dass ich euch lieb habe, habe ich mich euch gleich gemacht: ich habe nun auch nur noch e i n Auge."

Die Meister sagen: alle Kreaturen wirken
daraufhin, dass sie gebären und sich dem Vater
gleich machen wollen. Ein anderer Meister sagt:
Jede wirkende Ursache wirkt allein um ihres
Zweckes willen, dass sie Rast und Ruhe in ihrem
Zwecke finde. Dies ist der Mensch, der konnte
gar schwerlich glauben, dass ihn Gott so lieb hat,
bis Gott endlich sich selbst ein Auge ausstach
und menschliche Natur annahm. Dies ist Fleisch
geworden.

In principio. Ein Kind ist uns geboren, ein
Sohn ist uns gegeben. Ein Meister sagt: Alle Kreaturen wirken nach ihrer ersten Lauterkeit und
ihrer allergrössten Vollkommenheit. Also hat Gott
getan. Er hat die Seele nach der allerhöchsten
Vollkommenheit geschaffen und hat in sie gegossen alle seine Klarheit in der reinen Erstheit
und ist doch unvermischt geblieben.

Nun merke! Ich sprach neulich an einem Ort:
Als Gott alle Kreaturen schuf, sollte er da nicht
vorher etwas geschaffen haben, das ungeschaffen
war, das Bilder aller Kreaturen in sich trug? Das ist
der Funke, der ist Gott so nahe, dass er ein einiges
ungeschiedenes Eins ist und das Bild aller Kreaturen ohne Bild und über Bild in sich trägt.

Eine Frage ward gestern unter grossen Ge-
lehrten erörtert. Mich wundert, sprach ich, dass
niemand das allergeringste Wort ergründen kann,

8

und fragt ihr mich, ob ich, wenn ich ein einziger Sohn bin, den der himmlische Vater ewiglich geboren hat, dann ewiglich Sohn gewesen sei, so antworte ich: ja und nein. Ja, ein Sohn: indem der Vater mich ewiglich geboren hat; und nicht Sohn: entsprechend der Ungeborenheit. In principio. Hier ist uns zu verstehn gegeben, dass wir ein einziger Sohn sind, den der Vater ewiglich aus dem verborgenen Verstand der ewigen Verborgenheit geboren hat, indem er im ersten Beginne der reinen Erstheit blieb, die da eine Fülle aller Reinheit ist. Hier habe ich ewiglich geruht und geschlafen in der verborgenen Erkenntnis des ewigen Vaters, innen bleibend, ungesprochen. Aus der Lauterkeit hat er mich ewiglich geboren als seinen eingeborenen Sohn selber in das Bild seiner ewigen Vaterschaft, damit ich Vater sei und den gebäre, von dem ich geboren bin. In gleicher Weise, als ob einer vor einem hohen Berge stünde und riefe: „Bist Du da?" und der Schall und der Hall riefe wieder: „Bist Du da?" Oder er spräche: „Komm heraus!" und der Schall antwortete: „Komm heraus!" Ja, wer in dem Lichte das Holz sähe, da entstünde ein Engel und ein Vernünftiger und nicht allein vernünftig, es würde lauter Vernunft, in der reinen Erstheit, die da eine Erfüllung aller Reinheit ist. So tut Gott: er gebiert seinen eingeborenen Sohn

in das höchste Teil der Seele. Und während er
seinen Sohn in mich gebiert, gebäre ich ihn
wieder in den Vater. Das war nicht anders, als
dass Gott den Engel gebar, während er, der Gott,
von der Jungfrau geboren wurde.

Ich dachte (es ist schon manches Jahr her),
wenn ich gefragt würde, wieso jede Grasspinne
der andern so ungleich wäre, dann antwortete ich:
dass alle Grasspinnen so gleich sind, das ist noch
wunderbarer. Ein Meister sprach: dass alle Grasspinnen so ungleich sind, das kommt von der Ver-
schwendung der göttlichen Güte, die er ver-
schwenderisch in alle Kreaturen giesst, damit seine
Herrlichkeit desto mehr offenbart werde. Da
sprach ich: es ist wunderbarer, dass alle Grasspinnen so gleich sind, und sprach: wie alle Engel
in der reinen Erstheit alleins sind, so sind alle
Grasspinnen in der reinen Erstheit alleins, und
alle Dinge sind alleins.

Ich dachte manchmal , wenn ich mich im
Freien erging, der Mensch könne mit der Zeit
dazu kommen, dass er Gott zwingen kann. Wäre
ich hier oben und spräche zu ihm: „Komm her-
auf!" das wäre schwer. Aber spräche ich: „Setz
dich hier nieder!" das wäre leicht. So tut Gott.
Wenn der Mensch sich demütigt, so kann Gott
in seiner Güte sich nicht enthalten, er muss sich

neigen und in den demütigen Menschen ergiessen,
und dem Allergeringsten gibt er sich mit seinem
Allermeisten und gibt sich ganz und gar. Was
Gott gibt, das ist sein Wesen, und sein Wesen ist
seine Güte, und seine Güte ist seine Liebe. Alles
Leid und alle Freude kommt von der Liebe.

Ich überlegte unterwegs, als ich hierher gehn
wollte, ich sollte zu Hause bleiben, ich würde doch
nass vor Liebe. Wenn auch ihr nass geworden
seid, so wollen wir es sein lassen. — Freude
und Leid kommt von der Liebe. Der Mensch soll
Gott lieben, denn Gott liebt den Menschen mit
all seiner höchsten Vollkommenheit. Die Meister
sagen, alle Dinge wirken daraufhin, dass sie
sich dem Vater gleich gebären wollen, und sagen:
die Erde flieht den Himmel; flieht sie niederwärts, so kommt sie niederwärts zum Himmel;
flieht sie aufwärts, so kommt sie zu dem Niedersten
des Himmels. Die Erde kann dem Himmel nicht
entfliehen: sie fliehe auf oder nieder, der Himmel
fliesst in sie und drückt seine Kraft in sie und
macht sie fruchtbar, es sei ihr lieb oder leid.
So tut Gott dem Menschen: der ihm entfliehen
möchte, der läuft ihm in den Schoss, denn ihm
sind alle Winkel offen. Gott gebiert seinen Sohn
in dir, es sei dir lieb oder leid, du schlafest oder
wachest, Gott tut das Seine. Dass der Mensch
das nicht empfindet, das liegt daran, dass seine

Zunge mit dem Unflat der Kreatur beschmutzt ist
und das Salz der göttlichen Liebe nicht hat.
Hätten wir die göttliche Liebe, so schmeckten
wir Gott und alle die Werke, die Gott je wirkte,
und wir empfingen alle Dinge von Gott und
wirkten dieselben Werke alle, die er wirkt. In
dieser Gleichheit sind wir alle ein einziger Sohn.

Gott schuf die Seele nach seiner höchsten
Vollkommenheit, dass sie eine Geburt seines eingeborenen Sohnes sein sollte. Da er dies wohl
erkannte, so wollte er herausgehen aus der heimlichen Schatzkammer seiner ewigen Vaterschaft,
in der er im ersten Beginne der reinen Erstheit
geblieben war und ewig geschlafen und heraus-
gesprochen hat. Da hat der Sohn das Zelt seiner
ewigen Glorie aufgeschlagen und ist heraus-
gekommen aus dem Allerhöchsten, weil er seine
Freundin holen wollte, die ihm der Vater ewiglich vermählt hatte, dass er sie heimbrächte in
das Allerhöchste, aus dem sie gekommen ist.
Darum ging er hinaus und sprang herzu wie ein
Jüngling und litt Leid aus Liebe. Aber nicht für
immer ging er hinaus, er wollte wieder hineingehen in seine Kammer, das heisst, in die stille
Dunkelheit der verborgenen Vaterschaft. Als er
ausging aus dem Allerhöchsten, da wollte er hineingehen mit seiner Braut und wollte ihr die verborgene Heimlichkeit seiner Gottheit offenbaren,

wo er mit sich selbst und mit allen Kreaturen ruht.

In principio heisst so viel wie ein Anfang allen Wesens. Es gibt auch ein Ende alles Wesens, denn der erste Beginn ist um des letzten Endes willen. Ja, Gott selbst ruht nicht da, wo er der erste Beginn ist, sondern er ruht da, wo er ein Zweck und ein Ende ist und ein Rasten alles Wesens, nicht dass dies Wesen da zunichte würde, sondern es wird da vollendet zu seiner höchsten Vollkommenheit. Was ist das letzte Ende? Es ist die Verborgenheit der Dunkelheit der ewigen Gottheit und ist unbekannt und ward nie erkannt und wird niemals erkannt. Gott bleibt darin sich selbst unbekannt, und das Licht des ewigen Vaters hat ewiglich darin geschienen, und die Dunkelheit begreift das Licht nicht. Dass wir zu dieser Wahrheit kommen, dazu verhelfe uns die Wahrheit, von der wir gesprochen haben. Amen.

18.

Von der Erneuerung des Geistes.

„Ihr sollt erneuert werden an eurem Geiste, der da mens heisset," das heisst ein Bewusstsein. So spricht Sankt Paulus. Nun sagt Augustin, dass an dem ersten Teil der Seele, das da mens heisst oder Bewusstsein, mit dem Wesen der Seele eine Kraft geschaffen hat, die die Meister einen Verschluss oder Schrein geistlicher Formen oder formloser Bilder heissen. Diese Kraft macht den Vater der Seele gleich durch seine ausfliessende Gottheit, von der er den ganzen Hort seines göttlichen Wesens in den Sohn und in den heiligen Geist mit persönlicher Unterscheidung gegossen hat, wie die Gedächtniskraft der Seele den Kräften der Seele den Schatz der Bilder ausgiesst. Wenn nun die Seele mit dieser Kraft irgendwelche Bildlichkeit schaut, sei es das Bild eines Engels oder ihr eigenes Bild, so ist es gar mangelhaft. Schaut sie Gott wie Gott ist oder wie er Bild ist oder wie er drei ist, es ist mangelhaft. Wenn aber alle

Bilder der Seele abgeschieden werden und sie
allein das einig Eine schaut, so findet das nackte
Wesen der Seele das nackte formlose Wesen göttlicher Einheit, das da ist ein überwesendes Wesen,
empfangend, in sich selbst liegend. O Wunder
über Wunder, welch edles Empfangen ist das,
dass das Wesen der Seele nichts anderes empfangen kann als allein die Einheit Gottes! Nun
spricht Sankt Paulus: „Ihr sollt erneuert werden
am Geiste." Erneuerung befällt alle Kreaturen
unter Gott; aber Gott befällt keine Erneuerung,
er ist ganz Ewigkeit. Was ist Ewigkeit? Passt
auf. Die Eigenheit der Ewigkeit ist, dass Dasein
und Jungsein in ihr eins ist, denn die Ewigkeit
wäre nicht ewig, wenn sie neu werden könnte
und nicht allewege wäre. Nun sage ich: die Seele
befällt Erneuerung, insofern sie Seele heisst, denn
sie heisst darum Seele, weil sie dem Körper Leben
gibt und eine Form des Körpers ist. Sie wird
auch von der Erneuerung betroffen, insofern sie
Geist heisst. Darum heisst sie ein Geist, weil sie
von hier und von jetzt und von aller Natür-
lichkeit abgeschieden ist. Aber insofern sie ein
Bild Gottes ist und namenlos wie Gott, da tritt
keine Erneuerung an sie heran, sondern allein
Ewigkeit, wie in Gott. Nun passt auf! Gott ist
namenlos, denn von ihm kann niemand etwas
sprechen oder verstehen. Darum sagt ein heid-

nischer Meister: Was wir von der ersten Ursache
verstehen oder sprechen, das sind wir mehr selbst,
als dass es die erste Ursache wäre, denn sie ist
über allem Sprechen und Verstehen. Sage ich
nun: Gott ist gut, so ist es nicht wahr, sondern
ich bin gut, Gott ist nicht gut. Ich sage mehr:
ich bin besser als Gott, denn was gut ist, kann
besser werden; was besser werden kann, kann das
Allerbeste werden. Nun ist Gott nicht gut, daher
kann er nicht besser werden. Und wenn er also
nicht besser werden kann, so kann er auch nicht
allerbest werden, denn diese drei sind fern von
Gott: gut, besser und allerbest, denn er ist über
allem. Sage ich ferner: Gott ist weise, so ist es
nicht wahr: ich bin weiser als er. Sage ich ferner:
Gott ist ein Wesen, so ist es nicht wahr: er ist
ein überschwebendes Wesen und eine überwesende
Nichtheit. Daher sagt Sankt Augustin: Das
Schönste, was der Mensch von Gott sprechen
kann, das ist, dass er vor Weisheitsfülle schweigen
kann. Daher schweig und schwatze nicht von
Gott, denn damit, dass du von ihm schwatzest,
lügst du, tust also Sünde. Willst du nun ohne
Sünde sein und vollkommen, so schwatze nicht
von Gott. Du sollst auch nichts verstehen unter
Gott, denn Gott ist über allem Verstehen. Es
sagt ein Meister: Hätte ich einen Gott, den ich
verstehen könnte, ich wollte ihn nimmer für Gott

halten. Verstehst du nun etwas unter ihm, davon ist er nichts, und damit, dass du etwas unter ihm verstehst, kommst du in eine Unverstandsamkeit, und von der Unverstandsamkeit kommst du in eine Tierheit; denn was an den Kreaturen unverständig ist, das ist tierisch. Willst Du nicht tierisch werden, so verstehe nichts von dem ungeworteten Gotte. „Ach, wie soll ich denn tun?" Du sollst ganz und gar entsinken deiner Deinheit und sollst zerfliessen in seine Seinheit und es soll dein Dein in seinem Mein ein Mein werden, so gänzlich, dass du mit ihm ewiglich verstehst seine ungewordene Istigkeit und seine ungenannte Nichtheit.

Nun spricht Sankt Paulus: „Ihr sollt erneuert werden am Geiste." Wollen wir nun am Geiste erneuert werden, so müssen die sechs Kräfte der Seele, sowohl die obersten wie die untersten, jede einen goldenen Ring am Finger haben, vergoldet mit dem Golde göttlicher Liebe. Nun achtet auf die niedersten Kräfte, es sind ihrer drei. Die erste heisst Einsicht, rationale; an der sollst du einen goldenen Ring haben, das ist das Licht, auf dass deine Einsicht zu allen Zeiten ohne Zeit mit dem göttlichen Lichte erleuchtet sei. Die andere Kraft heisst die Zürnerin, irascibilis; an der sollst du einen Ring haben, das ist dein Friede. Warum? Darum: wenn in Frieden, dann in Gott; wenn aus Frieden, dann aus Gott. Die dritte Kraft heisst Begehrung: concuspiscibilis; an der sollst du Genügsamkeit haben, damit du dich mit allen Kreaturen, die unter Gott sind, begnügst; aber mit Gott sollst du dich niemals begnügen, denn von Gott kannst du nie genug haben: je mehr Gottes du hast, je mehr begehrst du seiner; denn könntest du dich mit Gott begnügen, so dass Gott vom Genug betroffen würde, so wäre Gott nicht Gott.

Du musst auch an jeder von den obersten Kräften einen goldenen Ring haben. Der obersten Kräfte gibt es auch drei. Die erste heisst eine behaltende Kraft, memoria. Diese Kraft vergleicht man dem Vater in der Dreifaltigkeit. An der sollst du einen goldenen Ring haben, nämlich ein Behalten, damit du alle ewigen Dinge in dir behalten sollst. Die andere heisst Verstand, intellectus. Diese Kraft vergleicht man dem Sohne. An der sollst du auch einen goldenen Ring haben, nämlich Erkenntnis, damit du Gott zu allen Zeiten erkennen sollst. Und zwar wie? Du sollst ihn erkennen ohne Bild, ohne Mittel und ohne Gleichnis. Soll ich aber Gott so unmittelbar erkennen, so muss vollends ich er werden und er ich werden. Ich sage mehr: Gott muss vollends ich werden, und ich vollends Gott, wie völlig eins, dass dies Er und dies Ich ein Ich

werden und sind, und in der Istigkeit ewig ein
Werk wirken; denn solange dies Er und dies
Ich, das heisst Gott und die Seele, nicht ein einziges Hier oder ein einziges Jetzt sind, solange
könnte dies Ich mit dem Er niemals zusammen-
wirken oder eins werden. Die dritte Kraft heisst
Wille, voluntas. Diese Kraft vergleicht man dem
heiligen Geiste. An der sollst du einen goldenen
Ring haben, nämlich die Liebe, damit du Gott
lieben sollst. Du sollst Gott lieben ohne Liebheit, dass heisst nicht darum, weil er liebevoll
sei, denn Gott ist unliebevoll; er ist über aller
Liebe und Liebheit. „Wie soll ich denn Gott
lieben?" Du sollst Gott nichtgeistlich lieben,
das heisst, deine Seele soll nichtgeistig sein und
aller Geistigkeit entkleidet; denn solange die
Seele geistförmig ist, hat sie Bilder; solange sie
Bilder hat, hat sie nicht Einheit noch Eintracht;
solange sie nicht Eintracht hat, liebte sie Gott
nicht recht, denn bei rechter Liebe kommt es
auf die Eintracht an. Darum soll deine Seele
nichtgeistig sein, frei von allem, was Geist ist,
und soll geistlos dastehn; denn liebst du Gott,
wie er Gott ist, wie er Geist ist, wie er Person
ist und wie er Bild ist. das muss alles hinab.
„Wie soll ich ihn denn lieben?" Du sollst ihn
lieben wie er ist: ein Nichtgott, ein Nichtgeist,
eine Nichtperson, ein Nichtbild, sondern: wie

er ein blosses, pures, reines Eins ist, gesondert von aller Zweiheit, und in dem Einen sollen wir ewiglich versinken von Nichts zu Nichts. Das walte Gott. Amen.

———————

19.

Von der Natur.

Es sagen unsere Meister, alles was erkannt
wird oder geboren wird, ist ein Bild, und sie
sagen folgendes: Wenn der Vater seinen eingeborenen Sohn gebären soll, so muss er sein
in ihm selbst bleibendes Bild gebären, das Bild
in dem Grunde, so wie es von Ewigkeit in ihm
gewesen ist, formae illius, das heisst seine ihm
selbst bleibende Form. Dies ist eine Naturlehre,
und es dünkt mich recht unbillig, dass man
Gott mit Gleichnissen, mit diesem oder jenem,
aufzeigen muss. Dennoch ist er weder dies noch
jenes, und damit begnügt sich der Vater nicht,
sondern er zieht sich zurück in die Erstheit, in
das Innerste, in den Grund und in den Kern
der Vaterschaft, wo er ewig drinnen gewesen
ist, in sich selbst in der Vaterschaft und wo er
sich selbst verzehrt als Vater seiner selbst in
dem einig Einen. Hier sind alle Grasblättlein und
Holz und Stein und alle Dinge eins. Dies ist

das Allerbeste und ich habe mich ganz darein vernarrt. Darum fügt die Natur alles was sie leisten kann da hinein, das stürzt alles in die Vaterschaft, auf dass sie eins und ein Sohn sei und all dem andern entwachsen und allein in der Vaterschaft sei, und dass sie, wenn sie nicht darein sein könne, doch wenigstens ein Gleichnis des Einen sei. Die Natur, die von Gott ist, sucht nichts, was ausserhalb von ihr ist, ja, die Natur, wie sie in sich ist, hat nichts mit der Farbe zu tun, denn die Natur, die von Gott ist, die sucht nichts anderes als Gottes Gleiches.

Ich überlegte mir heute Nacht, dass nur Gleiches aufeinander wirken kann. Ich kann kein Ding sehen, das mir nicht gleich ist, und ich kann kein Ding erkennen, das mir nicht gleich ist. Gott trägt alle Dinge verborgen in sich selbst, aber nicht in dies oder das unterschieden, sondern eins in Einheit. Das Auge hat auch Farbe in sich, das Auge empfängt die Farbe, und das Ohr nicht. Das Ohr empfängt das Getön und die Zunge den Geschmack. Es hat jedes das, mit dem es eins ist. Demnach hat das Bild der Seele und Gottes Bild e i n Wesen: da wir Gottes Kinder sind. Und selbst wenn ich weder Augen noch Ohren hätte, so hätte ich doch noch das Wesen.

Ich habe öfters gesagt: die Schale muss zer-

brechen, und was darinnen ist, muss herauskommen: denn willst du den Kern haben, so
musst du die Schale zerbrechen. Und wenn du
daher die Natur nackt finden willst, so müssen
die Gleichnisse alle zerbrechen, und je weiter
man hineintritt, um so näher ist man dem Wesen.

Vor ein paar Jahren war ich nichts; nicht
lange nachher ass mein Vater und meine Mutter
Fleisch und Brot und Kraut, das im Garten
wuchs, und davon bin ich ein Mensch. Das
konnte mein Vater oder meine Mutter nicht bewirken, sondern Gott machte meinen Körper
unmittelbar und schuf meine Seele nach dem
Allerhöchsten. Demnach besass ich mein Leben
selbst (possedi me). Dies Korn zielt auf den
Roggen ab, dem wieder liegt es in der Natur,
dass er Weizen werden kann, darum ruht er
nicht, bis er eben diese Natur erreicht. Dies
Weizenkorn hat es in der Natur, dass es alle
Dinge werden kann, darum geht es in sich und
begibt sich in den Tod, auf dass es alle Dinge
werde. Und dies Erz ist Kupfer, das hat in
seiner Natur, dass es Gold werden kann, darum
ruht es nicht, bis es eben diese Natur erreicht.
Ja dies Holz hat in seiner Natur, dass es ein
Stein werden kann; ich sage noch mehr, es
kann wohl alle Dinge werden, es löst sich in
ein Feuer und lässt sich verbrennen, damit es

in die Feuernatur verwandelt werde, und es wird
eins dem Einen und hat ewig dieselbe Natur.
Ja, Holz und Stein und Bein und alle Grashalme
haben allesamt e i n Wesen in der Erstheit. Und
tut diese Natur das, was tut dann erst die Natur,
die da so nackt in sich selbst ist, die da weder
dies noch das sucht, sondern sie entwächst allem
Anderssein und läuft alleins zur reinen Erstheit.

———

20.

Von Gott und Mensch

Praedica verbum. Man liest ein Wörtlein von meinem Herrn Sankt Dominicus, und Sankt Paulus schreibt es, und es heisst zu deutsch also: „Sprich es heraus, sprich es hervor, bring es hervor, und gebier das Wort." Es ist eine wunderliche Sache, dass ein Ding ausfliesst und doch innen bleibt. Dass das Wort ausfliesst und doch innen bleibt, das ist gar wunderbar; dass alle Kreaturen ausfliessen und doch innen bleiben, das ist gar wunderbar; dass Gott gegeben hat und dass Gott gelobt hat zu geben, das ist gar wunderbar und ist unbegreiflich und unglaublich. Und das ist recht, und wäre es begreiflich und glaublich, so wäre es nicht recht. Gott ist in allen Dingen. Je mehr er in den Dingen ist, je mehr ist er aus den Dingen; je mehr er innen, je mehr er aussen ist. Ich habe es schon öfters gesagt, dass Gott all diese Welt jetzt ganz und gar erschafft. Alles was Gott je vor sechstausend

Jahren und mehr schuf, als Gott die Welt machte, das schafft Gott jetzt zumal. Gott ist in allen Dingen, aber insofern Gott göttlich ist und insofern Gott vernünftig ist, ist Gott nirgends so eigentlich wie in der Seele [und in dem Engel, wenn du willst], in dem Innersten der Seele und in dem Höchsten der Seele. Wo die Zeit nie hinkam, wo nie ein Bild hineinleuchtete, im Innersten und im Höchsten der Seele erschafft Gott die ganze Welt. Alles was vergangen ist und alles was künftig ist, das schafft Gott im Innersten der Seele.

Der Prophet spricht: „Gott sprach eines und ich hörte zwei." Das ist wahr: Gott sprach nie mehr als eines. Sein Spruch ist nur einer. In diesem Spruch spricht er seinen Sohn und den heiligen Geist und alle Kreaturen, und es ist nichts als ein Spruch in Gott. Aber der Prophet spricht: „ich hörte zwei." Das heisst: ich nahm Gott und Kreaturen wahr. Wo es Gott spricht, da ist es Gott; aber hier ist es Kreatur. Die Leute glauben, Gott sei da und da Mensch geworden. Dem ist nicht so, denn Gott ist hier ebensogut Mensch geworden wie dort, und um und um ist er Mensch geworden, dass er dich als seinen eingeborenen Sohn gebäre, nicht weniger und nicht mehr.

Ich sprach gestern ein Wörtlein, das steht

9*

im Paternoster und heisst: „Dein Wille werde."
Es wäre sogar besser ausgedrückt, dass sein
Wille werde, als dass ich sage: mein Wille werde
zu seinem. Dass ich es werde, das meint das
Paternoster. Das Wort hat zweierlei Sinn.
Erstens: Sei für alle Dinge ein Schlafender, das
heisst, du sollst weder um Zeit noch um Kreaturen noch um Bilder wissen. Die Meister
sagen: Wenn ein Mensch recht schliefe, und
schliefe er hundert Jahr, er wüsste um keine
Kreatur, er wüsste nichts von Zeit noch von Bild;
und dennoch kannst du wahrnehmen, dass Gott
in dir wirkt. Darum spricht die Seele im Buch
der Liebe: „Ich schlafe und mein Herr wacht."
Darum kannst du, wenn alle Kreaturen in dir
schlafen, wahrnehmen, was Gott in dir wirkt.

Er spricht zweitens ein Wort: Arbeite in
allen Dingen; das hat dreierlei Sinn in sich. Es
heisst so viel wie: Schaff deinen Nutzen in
allen Dingen, denn Gott ist in allen Dingen. Sankt
Augustin spricht: Gott hat alle Dinge erschaffen,
nicht dass er sie werden liesse und dann seines
Weges ginge, sondern er ist in ihnen geblieben.
Die Leute wähnen, sie hätten mehr, wenn sie
die Dinge mit Gott haben, als wenn sie Gott
ohne die Dinge hätten. Aber das ist falsch, denn
alle Dinge mit Gott ist nicht mehr als Gott allein,
und wer glaubte, wenn er den Sohn und den

Vater zugleich hätte, hätte er mehr als wenn er den Sohn ohne den Vater hätte, der wäre im Irrtum. Darum nimm Gott in allen Dingen, und das ist ein Zeichen, dass er dich als seinen eingeborenen Sohn geboren hat, nicht weniger und nicht mehr.

Der zweite Sinn ist: Schaff deinen Nutzen in allen Dingen, das heisst: liebe Gott über allen Dingen und deinen Nächsten wie dich selbst. Und liebst du hundert Pfund mehr bei dir als bei einem andern, das ist unrecht. Hast du einen Menschen lieber als einen andern, das ist unrecht; und hast du deinen Vater und deine Mutter und dich selbst lieber als einen andern, es ist unrecht; und hast du die Seligkeit lieber in dir als in einem andern, so ist es unrecht. „Gott schütze! Was sagt ihr? Soll ich die Seligkeit nicht in mir lieber haben als in einem andern?" Es gibt viele Gelehrte, die das nicht begreifen, und es dünkt sie gar schwer. Aber es ist nicht schwer, es ist ganz leicht. Ich will dir zeigen, dass es nicht schwer ist. Seht, die Natur hat zweierlei Absicht, was jedes Glied am Menschen wirken soll. Die erste Absicht, die seine Werke ins Auge fasst, ist, dass es dem Körper vor allem diene und danach einem jeden Gliede genau so wie sich selbst, und nicht weniger als sich selbst, und es beachtet sich selbst nicht mehr in seinen

Werken als ein anderes Glied. Es soll vielmehr
hilfreich sein. Gott soll eine Regel deiner Liebe
sein. Die zweite Meinung: deine Liebe soll nur
an Gott hängen und darum liebe deinen Nächsten
wie dich selbst und nicht minder als dich selbst.
Liebst du die Seligkeit in Sankt Peter und in
Sankt Paul wie in dir selbst, so besitzest du dieselbe Seligkeit, die auch sie haben.

Also das Wort: schaff deinen Nutzen in
allen Dingen, das heisst: liebe Gott ebensogern
in Armut wie in Reichtum, und habe ihn so lieb
in der Krankheit wie in der Gesundheit, habe
ihn so lieb in Prüfungen und so lieb in Leiden
wie ohne Leiden. Ja, je grössre Leiden, je ge-
ringre Leiden, wie zwei Eimer: je schwerer
einer, je leichter der andre, und je mehr der
Mensch gibt, um so leichter ist i h m zu geben.
Einem Menschen, der Gott liebt, wäre ebenso
leicht alle Welt zu schenken, wie ein Ei. Je
mehr er gibt, je leichter ist ihm zu geben, wie
die Apostel: je schwerere Leiden sie hatten, je
leichter litten sie es.

Das dritte: arbeite in allen Dingen, das heisst:
wo du dich in mannigfaltigen Dingen befindest
und anders als in einem blossen reinen einfachen
Wesen, dass lass dir eine Arbeit sein; das heisst:
Arbeit in allen Dingen füllet deinen Dienst. Das
heisst so viel wie: heb auf dein Haupt. Das

hat zweierlei Sinn. Der erste ist: leg ab alles
was dein ist und gib dich Gott zu eigen; so wird
Gott dein eigen, wie er sein selbst eigen ist,
und er ist dir Gott, wie er sich selbst Gott ist,
und nicht weniger. Was mein ist, das habe ich
von niemand. Habe ich es aber von einem andern, so ist es nicht mein, sondern des andern,
von dem ich es habe. Der zweite Sinn ist: heb
auf dein Haupt, das heisst: richte alle deine Werke
auf Gott. Es sind viele Leute, die das nicht
begreifen, und das dünkt mich nicht wunderbar:
denn der Mensch, der dies begreifen soll, der
muss sehr abgeschieden sein und erhoben über
all diese Dinge. Dass wir zu dieser Vollkommenheit kommen, das walte Gott. Amen.

21.

Vom Tod.

Man lieset von den heiligen Märtyrern, deren man heute gedenkt, dass sie durch das Schwert gestorben sind. Unser Herr sprach zu seinen Jüngern: „Selig seid ihr, so ihr etwas leidet um meines Namens willen." Nun sagt die Schrift von diesen Märtyrern, dass sie um Christi Namen willen den Tod gelitten haben und durch das Schwert umgebracht worden sind.

Hier sollen wir drei Dinge merken. Das erste, dass sie tot sind. Was man in dieser Welt leidet, das endet. Sankt Augustin spricht: Alle Pein und alle Werke der Pein, das nimmt alles ein Ende, und der Lohn ist ewig. Das zweite, das wir betrachten sollen, dass dies ganze Leben tödlich ist, dass wir alle Pein und alle Mühsal, die uns zustösst, nicht fürchten sollen, denn es nimmt ein Ende. Das dritte, dass wir uns verhalten, als wären wir tot, dass uns nichts trübe, nicht Freude noch Leid noch alle Qual. Es sagt ein

Meister: Den Himmel kann nichts berühren. Das meint, der Mensch ist ein himmlischer Mensch, dem alle Dinge nicht so viel sind, dass sie ihn berühren können. Es sagt ein Meister: Da doch alle Kreaturen so erbärmlich sind, woher kommt es denn, dass sie den Menschen so leicht von Gott abwenden? Die Seele ist doch in ihrem Erbärmlichsten besser als der Himmel und alle Kreaturen? Es antwortet ein Meister: es kommt davon, dass er Gottes nicht so achtet wie er sollte. Täte er das, es wäre fast unmöglich, dass er je abfiele. Und es ist nur eine gute Lehre, dass sich der Mensch in dieser Welt so halten soll, als ob er tot wäre. Sankt Gregorius sagt, niemand habe so viel Gott, als der, der im Grunde tot sei.

Die vierte Lehre ist die allerbeste. Er sagt, dass sie tot sind. Der Tod gibt ihnen ein Wesen. Es sagt ein Meister: Die Natur zerbricht nie, ohne dass sie ein Besseres dafür gibt. Wenn das die Natur tut, wie viel mehr tut es Gott: der zerbricht niemals, dass er nicht ein Besseres gäbe. Die Märtyrer sind tot, sie haben ein Leben verloren und haben ein Wesen empfangen. Ich bin gewiss, erkennte eine Seele das geringste, was Wesen hat, sie wollte sich keinen Augenblick davon abkehren. Das Erbärmlichste, was man in Gott erkennt, wie wenn einer eine Blume verstünde, so wie sie ein Wesen in Gott hat, das stünde höher als die ganze Welt. Das Erbärmlichste, das in Gott ist wie es Wesen ist, ist besser als wenn einer einen Engel erkennte. Und dies sollte der Mensch leidenschaftlich begehren und betrachten, dass das Wesen so hoch steht. Wir preisen den Tod in Gott, auf dass er uns in ein Wesen wandle, das besser ist als ein Leben; ein Wesen, darin unser Wesen lebt, wo unser Leben ein Wesen wird.

Der Mensch soll sich willig in den Tod ergeben und sterben, damit ihm ein besseres Leben werde. Es muss ein gar kräftiges Leben sein, in dem tote Dinge lebendig werden, in dem selbst der Tod ein Leben wird. Bei Gott stirbt nichts: alle Dinge werden in ihm lebendig. Sie sind tot (spricht die Schrift von den Märtyrern) und sind in ein ewiges Leben versetzt, in das Leben, wo das Leben ein Wesen ist. Man soll im Grunde tot sein, dass uns nicht Freude noch Leid berühre. Wir bitten drum unsern lieben Herrgott, er möge uns helfen aus einem Leben, das geteilt ist, in ein Leben, das eins geworden ist. Das walte Gott. Amen.

22.

Was ist Gott?

Was ist Gott und was ist der Tempel Gottes?
Vierundzwanzig Meister kamen zusammen und
wollten sagen, was Gott sei, und konnten es nicht.
Hernach kamen sie zu geeigneter Zeit wieder
und jeder von ihnen brachte seinen Spruch mit,
von denen nehme ich jetzt zwei oder drei. Der
eine sprach: Gott ist etwas, gegen den alle
wandelbaren und zeitlichen Dinge nichts sind, und
alles was Wesen hat, ist von ihm und ist gegen
ihn klein. Der zweite sprach: Gott ist etwas,
das da über Wesen ist und das in sich selbst
niemandes bedarf und dessen alle Dinge bedürfen. Der dritte sprach: Gott ist eine Vernünftigkeit, die sich selbst erkennen will.

Ich lasse das erste und das dritte und spreche
von dem zweiten, dass Gott etwas ist, das notwendig über Wesen sein muss. Was Wesen hat,
Zeit oder Raum, das gehört nicht zu Gott, er
ist über dasselbe; was er in allen Kreaturen ist,

das ist er doch darüber; was da in vielen Dingen eins ist, das muss notwendig über den Dingen sein. Einige Meister wollten, die Seele wäre allein im Herzen. Dem ist nicht so, und darin haben grosse Meister geirrt. Die Seele ist ebensogut ganz und ungeteilt im Fuss und im Auge. Nehme ich ein Stück von der Zeit, so ist es weder der Tag heute noch der Tag gestern. Nehme ich aber ein Nu, das begreift alle Zeit in sich. Das Nu, worin Gott die Welt machte, ist dieser Zeit ebenso nahe, wie das Nu, worin ich eben spreche, und der jüngste Tag ist diesem Nu so nahe wie der Tag gestern war.

Ein Meister sagt: Gott ist etwas, das in Ewigkeit ungeteilt in sich selbst wirkt, das niemandes Hilfe und keines Werkzeuges bedarf, und das in sich selbst bleibt, das nichts bedarf und dessen alle Dinge bedürfen und nach dem alle Dinge trachten als in ihr letztes Ende. Dies Ende hat keine Weise, es entwächst der Weise und geht in die Weite. Sankt Bernhard sagt: Gott lieben, das ist weise ohne Weise. Kein Ding kann über sein Wesen wirken. Gott aber wirkt über Wesen in der Weite, wo er sich rühren kann, er wirkt in Unwesen Wesen; ehe ein Wesen war, wirkte Gott. Grosse Meister sagen, Gott sei ein absolutes Wesen; er ist hoch über Wesen, wie der oberste Engel über einer Mücke. Und ich sage, es ist ebenso unrecht, Gott ein Wesen zu heissen, als ob ich die Sonne bleich oder schwarz hiesse. Gott ist weder dies noch das. Und es sagt ein Heiliger: Wenn einer wähnt, er habe Gott erkannt — wenn er etwas erkannt hat, so hat er e t w a s erkannt und hat also nicht Gott erkannt.

Kleine Meister lesen in der Schule, alle Wesen seien auf zweierlei Weise geteilt, und diese Weisen sprechen sie Gott völlig ab. Von diesen Weisen berührt Gott keine und er entbehrt auch keine. Die erste, die am allermeisten Wesen hat, worin alle Dinge Wesen annehmen, ist die Substanz, und das letzte, was am wenigsten Wesen in sich trägt, heisst relatio, das ist in Gott gleich dem allergrössten, das am allermeisten Wesen hat; sie haben ein gleiches Bild in Gott. In Gott sind aller Dinge Bilder gleich; aber sie sind ungleich dem Bild der Dinge. Der höchste Engel und die Seele und die Mücke haben ein gleiches Bild in Gott. Gott ist nicht Wesen noch Güte. Güte klebt an Wesen und ist nicht breiter als Wesen, denn wäre nicht Wesen, so wäre nicht Güte, und Wesen ist noch reiner als Güte. In Gott•ist weder Güte noch Besseres noch Allerbestes. Wer sagte, dass Gott gut sei, der täte ihm ebenso unrecht, als wer die Sonne schwarz

hiesse. Nun spricht doch Gott: niemand ist
gut als Gott allein. Was ist gut? Was sich
dem Allgemeinen mitteilt. Den heissen sie einen
guten Menschen, der gemeinnützig ist. Darum
sagt ein heidnischer Meister, ein Einsiedler sei
weder gut noch böse (dem Sinne nach), weil
er der Gemeinschaft und den Leuten nicht nützlich sei. Gott ist das allgemeinste. Kein Ding
teilt von dem Seinen mit, weil alle Kreaturen
an sich selbst nichts sind. Was sie mitteilen,
das haben sie von einem andern. Sie geben
sich auch nicht selbst. Die Sonne gibt ihren
Schein und bleibt doch dastehen, das Feuer gibt
seine Hitze und bleibt doch Feuer; aber Gott
teilt das Seine mit, weil er an sich selber ist,
was er ist, und in allen den Gaben, die er gibt,
gibt er sich selbst immer am ersten. Er gibt
sich als Gott wie er ist in allen seinen Gaben,
sofern es an ihm ist, dass einer ihn empfangen
könnte.

Wenn wir Gott im Wesen nehmen, so nehmen
wir ihn in seiner Vorburg; denn Wesen ist seine
Vorburg, worin er wohnt. Wo ist er denn in
seinem Tempel? Dies ist die Vernünftigkeit, wo
er heilig erglänzt, wie der andere Meister sagte,
dass Gott eine Vernunft ist, die in ihrer Erkenntnis allein lebt und in sich selbst allein bleibt,

und da hat ihn nie etwas berührt, denn er ist
da allein in seiner Stille. Gott in seiner Selbsterkenntnis erkennt sich selbst in sich selbst.

23.

Vom persönlichen Wesen.

Gott ist die Liebe, und wer in der Liebe wohnt, der wohnt in Gott und Gott in ihm. Gott wohnt in der Seele mit allem dem, was er ist, und alle Kreatur. Darum: wo die Seele ist, da ist Gott, denn die Seele ist in Gott. Darum ist auch die Seele, wo Gott ist, es sei denn, dass die Schrift lüge. Wo meine Seele ist, da ist Gott, und wo Gott ist, da ist auch meine Seele, und das ist so wahr als Gott Gott ist. Nicht allein von Natur, sondern über Natur freut sich meine Seele aller Freude und aller Seligkeit, deren sich Gott selber freut in seiner göttlichen Natur, es sei Gott lieb oder leid, denn deren ist nur eines, und wo eins ist, da ist alles, und wo alles ist, da ist eins. Das ist eine sichere Wahrheit. Wo die Seele ist, da ist Gott, und wo Gott ist, da ist die Seele. Und sagte ich, dass es nicht so sei, so spräche ich unrecht.

Fürwahr, nun achtet auf ein Wörtlein, das
halte ich gar wert, denn ich gedenke dessen, wie
eins er mir ist, als ob er aller Kreatur vergessen habe und nicht mehr sei als ich allein.
Nun bittet für die, die mir empfohlen sind! Die
da um ein Teil Gottes oder um Gott bitten, die
bitten unrecht; wenn ich um nichts bitte, so
bitte ich recht, und das Gebet ist recht und ist
kräftig.   Wer irgend etwas anderes bittet, der
betet einen Abgott an, und man könnte sagen,
es wäre lauter Ketzerei.   Ich bitte nie so wohl
als wenn ich um nichts bitte und für niemand,
weder für Heinrich noch für Konrad.   Die wahren
Anbeter beten Gott in der Wahrheit an und im
Geist [nämlich im heiligen Geist]; was Gott in
der Kraft ist, das sind wir im Bilde.   Da erkennen wir wie wir erkannt sind, und lieben wie
wir geliebt sind.   Das ist auch ohne Werk, denn
die Seele ist da eins mit dem Bilde und wirkt
in der Kraft als Kraft; sie ist auch eins mit den
Personen und besteht im Vermögen des Vaters
und in der Weisheit des Sohnes und in der Güte
des heiligen Geistes.   Dies ist alles noch Werk
in den Personen; das Wesen darüber aber ist
ohne Werk, sondern da ist alles eins, Wesen und
Werk, wo sie in Gott ist, ja wo die Personen
in das Wesen hineinreichen, da ist Werk und
Wesen eins, da liebt sie die Personen, sofern sie ·

10

im Wesen innen bleiben und nie herauskommen,
da ist ein reines wesenhaftes Bild, es ist die wesen-
hafte Vernünftigkeit Gottes, der die reine Kraft des
Lebendigen ist, intellectus, was die Meister ein
Vernehmendes nennen. Nun passt wohl auf. Darum liebt sie erst das reine absolucio des freien
Wesens, das ohne Ort ist, das nicht liebt und nicht
gibt, es ist die blosse Istigkeit, die alles Wesens
und aller Istigkeit beraubt ist. Da liebt sie Gott
bloss nach dem Grunde, da wo er ist, über alle
Wesen. Wäre da noch Wesen, so nähme sie Wesen
in Wesen; es ist da nichts als e i n Grund. Dies
ist die höchste Vollkommenheit des Geistes, wozu
man in diesem Leben in der Art des Geistes
kommen kann. Aber das ist nicht die höchste Vollkommenheit, die wir jemals mit Leib und Seele
erreichen sollen, dass der gequälte Mensch allzumal in dieser Unterkunft festgehalten werde,
ein persönliches Wesen habe — sowie die Mensch-
heit und die Gottheit Christi ein persönliches
Wesen ist — dass ich nun darin Unterkunft habe,
dass ich das persönliche Wesen selber sei allzumal in meinem Selbstbewusstsein verharrend —
wo ich doch in der Art des Geistes, in dem
Grunde, eins bin, so wie der Grund selbst e i n
Grund ist — und dass ich hinwiederum in meinem
äusseren Wesen dasselbe persönliche Wesen sei,
das seines Selbstbewusstseins völlig beraubt sei:

dieses persönliche Wesen, Mensch-Gott, entwächst vielmehr und schwebt über den äusseren Menschen hinaus, so weit, dass er ihm nicht mehr folgen kann. Bleibt er in sich selbst stehen, so empfängt er wohl den Einfluss der Gnade von dem persönlichen Wesen in mancherlei Weise, Süssigkeit, Trost und Innigkeit, und das ist gut, aber es ist nicht das Höchste. Bleibt er also in sich selbst in der Unterkunft seiner selbst, so empfängt er wohl Trost aus Gnade und mit der Wirkung der Gnade, aber das ist nicht sein Bestes; dann müsste der innere Mensch sich nach Geistesart aus dem Grunde, in dem er eins ist, herausbiegen und müsste sich dem gnadenhaften Wesen zuwenden, von dem er Gnade empfängt. Darum kann der Geist so niemals vollkommen werden, Leib und Seele werden vollendet, wenn der innere Mensch in der Art des Geistes seinem eigenen Wesen entrinnt, dahin, wo er im Grunde ein Grund ist; und ebenso muss auch der äussere Mensch der eigenen Unterkunft beraubt werden und allzumal in dem ewigen persönlichen Wesen aufgehen, das ein und dasselbe persönliche Wesen ist. Nun sind hier zwei Wesen. Das eine Wesen ist in der Gottheit das blosse substanzliche Wesen; das andere das persönliche Wesen, und ist doch ein Untergrund: denn derselbe Untergund, Christi Persönlichkeit, ist auch der Untergrund

der Seele, die Stätte des ewigen Menschtums, und
diese Unterkunft ist e i n Christus, das leiblich
Seiende wie das Selbstbewusstsein der Person.
Daher wollen wir auch eben dieser Christus sein,
damit wir ihm in den Werken nachfolgen, wie
er in dem Wesen ein Christus in menschlicher
Art ist; denn da ich mit meinem Menschtum dieselbe Art bin, so bin ich mit dem persönlichen
Wesen dergestalt vereinigt, dass ich aus Gnade
in dem persönlichen Wesen eins und das persönliche Wesen selber bin, denn Gott bleibt ewiglich im Grunde des Vaters und ich in ihm, e i n
Grund und ein und derselbe Christus, eine Stätte
meines Menschtums; es ist ebensosehr mein wie
sein in e i n e r Verkörperung des ewigen Wortes,
auf dass beide Wesen, Leib und Seele, in e i n e m
Christus vollendet werden, ein Gott, ein Sohn.
Dass uns das geschehe, das walte Gott.

II.

Traktate.

1.

Von den Stufen der Seele.

Wer zu seiner höchsten Stufe und zur Anschauung des obersten Gutes, das Gott selbst ist,
gelangen will, der soll ein Kennen seiner selbst
und der Dinge, die über ihm sind, haben, bis zum
höchsten, so kommt er zur höchsten reinen Erkenntnis. Darum, lieber Mensch, lerne dich selbst
erkennen, denn das ist dir besser als wenn du
die Kraft aller Kreaturen erkenntest. Wie du dich
selbst erkennen sollst, dafür merke zweierlei Weise.

Zum ersten sollst du darauf achten, ob deine
äusseren Sinne an ihrer Stelle wohlgeordnet sind.
Seht, nun merkt, wie es um unsre äussern Sinne
steht. Die Augen sind allzeit ebenso bereit das
Böse zu sehen wie das Gute. Ebenso ist das Gute
auch von den Ohren zu hören, und ebenso können
auch die andern Sinne wahrnehmen. Daher sollt
ihr euch eifrig und mit grossem Ernst zu guten
Dingen zwingen. So viel von äussern Sinnen.

Nun vernehmet von den innern Sinnen, das

sind die Kräfte einer höheren Stufe, die in der
Seele sind, die niedersten und die obersten. Nun
erfahret von den niedersten Kräften. Die sind
Mittel der obersten Kräfte und der äusseren Sinne.
Darum sind sie den äussern Sinnen so nahe gelegen: was das Auge sieht und das Ohr hört,
das bringen sie sofort in das Begehren. Ist es
dann eine geordnete Sache, so bringt das Begehren es sofort in eine zweite Kraft, die heisst
Anschauung. Die schaut es an und bringt es
wiederum weiter zur dritten, die heisst Vernünftigkeit. So wird es immer reiner, bevor es in die
obersten Kräfte kommt. Die Kraft der Seele steht
auf so hoher Stufe, dass sie es ohne Gleichnis
und ohne Bild wahrnimmt und es in die obersten
Kräfte hinaufträgt. Da wird es im Gedächtnis
aufbewahrt und im Verstande verstanden und im
Willen erfüllt. Das sind die obersten Kräfte der
Seele, und sie sind in einer Natur. Und alles
was die Seele wirkt, das wirkt auch die einfache
Natur in den Kräften.

Nun merkt auf, wie die Seele zu ihrer obersten
Stufe und ihrer grössten Vollendung kommt. Es
sagt ein Meister: Gott wird in die Seele getragen
und versetzt. So entspringt ein göttlicher Liebesquell in der Seele, der trägt die Seele zu Gott
zurück. Seht, ihr sollt erfahren, wie das sei. Es
sagt ein Heiliger: Alles was man von Gott sprechen

kann, das ist Gott nicht. Und es spricht ein anderer Heiliger: Alles was man von Gott sprechen kann, das ist Gott. Und endlich spricht ein grosser Meister, dass sie beide die Wahrheit sagen. Wie diese drei Heiligen sprechen, so spreche ich das Folgende: Wenn die Seele mit ihrem Verstande etwas vom göttlichen Verstande versteht, so wird es dann sofort dem Willen übergeben. So nimmt es der Wille in sich und wird eins damit und alsdann erst bringt und versetzt er es in das Gedächtnis. Auf diese Weise wird Gott in die Seele getragen und versetzt. Fürwahr, nun vernehmet von dem göttlichen Liebesquell. Er fliesst in der Seele über, so dass sich die obersten Kräfte in die niedersten ergiessen, und diese ergiessen sich in den äussern Menschen und erheben ihn aus aller Niedrigkeit, so dass er nichts wirken mag als geistige Dinge. Wie der Geist wirkt gemäss göttlichen Werken, so muss der äussere Mensch gemäss dem Geiste wirken.

O Wunder über Wunder, wenn ich an die Vereinigung denke, die die Seele mit Gott hat! Er macht die Seele wonnefreudig, aus sich selbst zu fliessen, denn alle genannten Dinge genügen ihr nicht. Und da sie selbst eine genannte Natur ist, darum genügt sie sich selbst nicht. Der göttliche Liebesquell fliesst auf die Seele und zieht sie aus sich selbst in das ungenannte Wesen in ihren ersten Ursprung, der Gott allein ist. Obwohl ihm die Kreatur Namen gegeben hat, so ist er doch an sich selbst ein ungenanntes Wesen. So kommt die Seele in ihre höchste Vollendung.

Fürwahr, Herzensfreunde, nun höret weiter von den Stufen der Seele. Es sagt Sankt Augustin: gerade wie es um Gott ist, so ist es auch um die Seele. Seht, wie sie gebildet ist nach dem Bilde der heiligen Dreifaltigkeit, das erfahret bei der Auslegung Gottes.

Gott ist dreifach von Personen und ist einfach von Natur. Gott ist auch an allen Orten und an jedem ist Gott zugleich. Das heisst so viel, als ob alle Orte e i n Ort Gottes wären. So steht es auch um die Seele. Gott hat Vorsehung aller Dinge und bildet alle Dinge in seiner Vorsehung. Das alles ist Gott natürlich. So steht es auch um die Seele. Sie ist auch dreifach an Kräften und einfach von Natur. Die Seele ist auch in allen Gliedmassen und in jedem Glied ist sie zugleich. Daher sind alle Glieder e i n Ort der Seele. Sie hat auch Vorsehung und bildet die Dinge, die ihr möglich sind. Von allem, was man von Gott sprechen kann, hat die Seele etwas Gleichnis.

Nun will ich sprechen von einer reinen Gotteserkenntnis. Ich habe euch im Auge, Bruder und Schwester, weil ihr Gottes allerbeste Freunde seid und ihm allertrautest von allen, die hier zuhören. Das Fliessen ist in der Gottheit eine Einheit der drei Personen ohne Unterscheidung. In demselben Fluss fliesst der Vater in den Sohn, und der Sohn fliesst zurück in den Vater und sie beide fliessen in den heiligen Geist, und der heilige Geist fliesst zurück in sie beide. Darum spricht der Vater seinen Sohn und spricht sich in seinem Sohne allen Kreaturen, alles in diesem Fliessen. Wo sich der Vater wieder in sich zurückwendet, da spricht er sich selbst in sich selbst. Auf diese Weise ist der Fluss in sich selbst zurückgeflossen, wie Sankt Dionysius sagt. Darum ist dieser Fluss in der Gottheit ein Sprechen ohne Wort und ohne Laut, ein Hören ohne Ohren, ein Sehen ohne Augen. Darum spricht sich jede Person in der andern ohne Wort in dem Flusse. Darum ist es ein Fluss ohne Fliessen. Hiervon vernehmet ein Gleichnis von der edeln Seele, die hat etwas in sich, was diesem Fluss besonders gleich ist: wo die obersten Kräfte und die Natur e i n e Eigenschaft tragen, da fliesst jede in die andere und spricht sich ohne Wort und ohne Laut. Selig sei die Seele, die da zur Anschauung des ewigen Lichtes kommt.

Nun könnte man sprechen: „Das ist alles schön und wohl gesprochen. Herzensfreund, wie geschieht das nun, dass ich zu der Stufe gelange, von der du geschrieben hast? Seht, ihr müsst wissen: Gott ist was er ist, und was er ist, ist mein, und was mein ist, das liebe ich, und was ich liebe, das liebt mich und zieht mich an sich, und was mich angezogen hat, dem gehöre ich mehr als mir selbst. Seht, darum liebet Gott, dann werdet ihr Gott mit Gott. Davon will ich nichts weiter sagen.

Die auf sich selbst verzichtet haben, und Gott in der rechten Entblösstheit nachfolgen, wie könnte das Gott lassen, er muss ja seine Gnade in die Seele giessen, die sich so in der Liebe vernichtet hat. Er giesst seine Gnade in sie und erfüllt sie und gibt sich ihr selbst in Gnaden hin.

Da schmückt Gott die Seele mit sich selbst, gerade wie das Gold mit edlem Gestein geschmückt wird. Dann bringt er die Seele in die Anschauung seiner Gottheit. Das geschieht in der Ewigkeit und nicht in der Zeit. Doch hat sie einen Vorgeschmack in der Zeit, dadurch dass hier von diesem heiligen Leben gesprochen worden ist. Das ist darum geschehen, damit ihr das wisst, dass niemand zur höchsten Stufe der Erkenntnis und des Lebens gelangen kann, ohne freiwilliger Armut nachzugehn und den Armen gleich zu sein. Das ist für alle Leute das Allerbeste. Nun loben wir Gott um seiner ewigen Güte willen, und bitten ihn, er möge uns schliesslich bei sich aufnehmen. Dazu verhelfe uns der Vater und der Sohn und der heilige Geist. Amen.

2.

Gespräch zwischen Schwester Kathrei und dem Beichtvater.

Der Beichtvater geht oft zu der Tochter und spricht: Sage mir, wie geht es dir jetzt. — Sie spricht: Es geht mir übel, mir ist Himmel und Erde zu eng. — Er bittet sie, ihm etwas zu sagen. Sie spricht: Ich weiss nicht, was so klar ist, dass ich es sagen könnte. — Er spricht: Tu es Gott zulieb, sage mir ein Wort. — Er gewinnt ihr mit vielem Bitten ein Wörtlein ab. Da redete sie mit ihm so wunderbar und so tiefe Sprüche von der nackten Findung göttlicher Wahrheit, dass er spricht: Weisst du, das ist allen Menschen unbekannt, und wäre ich nicht ein so grosser Gelehrter, dass ich es selbst in der Gotteswissenschaft gefunden hätte, so wäre es mir auch unbekannt. — Sie spricht: Das gönne ich euch schlecht; ich wollte, ihr hättet's mit dem Leben gefunden. — Er spricht: Du sollst wissen, dass ich davon so viel gefunden habe, dass ich es so gut weiss, wie ich es weiss, dass ich heute die Messe gelesen habe. Aber dass ich es nicht mit dem Leben in Besitz genommen habe, das ist mir leid. — Die Tochter spricht: Bittet Gott für mich, und geht wieder in ihre Einsamkeit zurück und verkehrt mit Gott. Es dauert aber nicht lange, so kommt sie wieder vor die Pforte, fragt nach ihrem würdigen Beichtvater und spricht: Herr, freuet euch mit mir, ich bin Gott geworden. — Er spricht: Gott sei gelobt! Geh weg von allen Leuten in deine Einsamkeit, bleibst du Gott, ich gönne ihn dir gern. — Sie ist dem Beichtvater gehorsam und geht in die Kirche in einen Winkel. Da kam sie dazu, dass sie alles dessen vergass, was je Namen trug, und ward so fern aus sich selbst und aus allen erschaffenen Dingen herausgezogen, dass man sie aus der Kirche tragen musste, und sie lag bis an den dritten Tag, und sie hielten sie für sicherlich tot . Der Beichtvater sprach: Ich glaube nicht, dass sie tot ist. — Wisset, wäre der Beichtvater nicht gewesen, so hätte man sie begraben. Man versuchte es mit allem, was man nur wusste, aber man konnte nicht finden, ob die Seele noch in dem Körper sei. Man sprach: Sie ist sicher tot. — Der Beichtvater sprach: Nein, gewiss nicht. — Am dritten Tag kam die Tochter wieder zu sich. Sie sprach: Ach,

ich Arme, bin ich wieder hier? — Der Beichtvater war alsbald da und redete zu ihr und sprach:
Lass mich göttlichen Wortes geniessen und tue
mir kund, was du gefunden. — Sie sprach: Gott
weiss wohl, ich kann nicht. Was ich gefunden
habe, das kann niemand in Worte fassen. — Er
sprach: Hast du nun alles, was du willst? — Sie
sprach: Ja, ich bin bewähret. — Er sprach: Wisse,
diese Rede höre ich gerne, liebe Tochter, rede
weiter. — Sie sprach: Wo ich stehe, da kann
keine Kreatur in kreatürlicher Weise hinkommen.
— Er sprach: Berichte mich besser. — Sie sprach:
Ich bin da, wo ich war, ehe ich geschaffen wurde,
da ist bloss Gott und Gott. Da gibt es weder
Engel noch Heilige, noch Chöre, noch Himmel.
Manche Leute sagen von acht Himmeln und von
neun Chören; davon ist da nichts, wo ich bin.
Ihr sollt wissen, alles was man so in Worte fasst
und den Leuten mit Bildern vorlegt, das ist nichts
als ein Mittel zu Gott zu locken. Wisset, dass
in Gott nichts ist als Gott; wisset, dass keine
Seele in Gott hineinkommen kann, bevor sie nicht
so Gott wird, wie sie Gott war, bevor sie geschaffen wurde. — Er sprach: Liebe Tochter,
du sprichst wahr. Nun tu es um Gottes willen
und rate mir deinen nächsten Rat, wie ich dazu
komme, dass ich dies Gut besitze. — Sie sprach:
Ich gebe euch einen getreuen Rat. Ihr wisset wohl,

dass alle Kreaturen von Nichts geschaffen sind
und wieder zu Nichts werden müssen, ehe sie in
ihren Ursprung kommen. — Er sprach: Das ist
wahr. — Sie sprach: So ist euch genug gesagt.
Prüfet, was ist Nichts? — Er sprach: Ich weiss,
was Nichts ist, und weiss wohl, was weniger ist
als Nichts. Das sollst du so verstehn: alle vergänglichen Dinge sind vor Gott nichts. Wer also
Vergängliches übt, der ist weniger als Nichts. —
Warum? — Er ist des Vergänglichen Knecht.
Nichts ist Nichts. Wer dem Nichts dient, ist
weniger als Nichts. — Sie sprach: Das ist wahr.
Danach richtet euch, wenn ihr zu eurem Gut
kommen wollt, und ihr sollt euch vernichten unter
euch selbst und unter alle Kreatur, so dass ihr
nichts mehr zu tun findet, damit Gott in euch
wirken könne. — Er sprach: Du sagst die Wahrheit. Ein Meister spricht: „Wer Gott als seinen
Gott liebt und Gott als seinen Gott anbetet und
sich damit genügen lässt, das ist für mich ein
ungläubiger Mensch." — Sie sprach: Selig sei
der Meister, der dies je gesprochen hat: er erkannte die Wahrheit. Ihr sollt wissen, wer sich
damit genügen lässt, mit dem, was man in Worte
fassen kann: Gott ist ein Wort, Himmelreich ist
ein Wort; wer nicht weiter kommen will mit den
Kräften der Seele, mit Erkenntnis und mit Liebe,
als je in Worte gefasst ward, der soll mit Fug
ein Ungläubiger heissen.   11

Was man in Worte fasst, das begreifen die niedersten Sinne oder Kräfte der Seele. Damit begnügen sich die obersten Kräfte der Seele nicht: sie dringen immer weiter voran, bis sie in den Ursprung kommen, woraus die Seele geflossen ist. Ihr sollt aber wissen, dass die Kraft der Seele nicht in den Ursprung kommen kann. Wenn die Seele in ihrer Majestät über allen geschaffenen Dingen vor dem Ursprung steht, so bleiben alle Kräfte draussen. Das sollt ihr so verstehen. Es ist die Seele nackt und aller namentragenden Dinge entblösst, so steht sie eins in einem, so dass sie ein Vorwärtsgehen in der blossen Gottheit hat, wie das Oel auf dem Tuche, das läuft immer weiter: so läuft die Seele weiter und fliesst immer vorwärts, solange als Gott das angeordnet hat, dass sie dem Leib in der Zeit Wesen geben muss. Wisset, solange der gute Mensch auf Erden lebt, solange hat seine Seele Fortgang in der Ewigkeit. Darum haben gute Menschen das Leben lieb. Wie die Guten hinaufgehen, so gehen die Bösen, die in Fehlern sind, hinab. — Fürwahr, liebe Tochter, nun erkläre mir: Man spricht von der Hölle und vom Fegefeuer und vom Himmelreich, und davon lesen wir gar viel. Nun lesen wir aber auch, dass Gott in allen Dingen ist und alle Dinge in Gott. — Sie sprach: Das sage ich dir gerne, soweit ich's in Worte fassen kann. Hölle ist nichts als ein Wesen. Was hier das Wesen der Leute ist, das bleibt ihr Wesen in Ewigkeit, so wie sie drin gefunden werden. Eine Menge Leute glauben, sie hätten hier ein Wesen der Kreatur und dort besässen sie ein göttliches Wesen. Das kann nicht sein. Wisset, dass darin sich viele Leute täuschen. Das Fegefeuer ist ein angenommenes Ding wie eine Busse, das nimmt ein Ende. Man spricht vom jüngsten Tage, dass Gott da Urteil sprechen soll. Das ist wahr. Es ist aber nicht so, wie die Leute wähnen. Jeder Mensch urteilt über sich selbst: wie er da in seinem Wesen erscheint, so soll er ewiglich bleiben. — Die Tochter redete immer weiter und kam mit der Rede auf Gott und sprach so viel von Gott, dass der Beichtvater nur immer sprach: Liebe Tochter, rede weiter. — Die Tochter sagte ihm so viel von der Grösse Gottes und seiner Macht und seiner Vorsehung, dass er von allen seinen äussern Sinnen kam, und man ihn in eine stille Zelle tragen musste, und da lag er eine lange Zeit, ehe er wieder zu sich kam. Als er wieder zu sich gekommen war, hatte er Begierde, dass die Tochter zu ihm käme. Die Tochter kam zu dem Beichtvater und sprach: Wie geht es euch jetzt? — Er sprach: Von Herzen gut. Gelobt sei Gott, dass er dich je zu einem Menschen schuf! Du hast mir den Weg zu meiner ewigen Seligkeit

gewiesen, ich bin zur Anschauung Gottes gekommen, und mir ist ein wahres Wissen alles
dessen gegeben, was ich von deinem Munde gehört habe. Fürwahr, liebe Tochter, gedenke der
Liebe, die du von Gott hast, und hilf mir mit
Worten und mit Werken, dass ich da, wo ich
jetzt bin, ein Bleiben erlange. — Sie sprach:
Wisset, das kann nicht sein. Ihr habt nicht die
rechte Natur dazu. Wenn eure Seele und eure
Kräfte in gewohnter Weise den Weg auf und
nieder gehen, wie ein Gefolge an einem Hofe
aus und eingeht, und ihr das himmlische Gefolge
und alles, was Gott je schuf, so gut zu unterscheiden versteht, wie ein Mann sein Gefolge
kennt, dann sollt ihr den Unterschied zwischen
Gott und der Gottheit prüfen. Dann erst sollt
ihr danach trachten, dass ihr bewährt werdet.
Ihr sollt euch nicht verirren, ihr sollt mit den
Kreaturen Kurzweil suchen, dass ihr keinen
Schaden davon nehmt und auch sie von euch
keinen Schaden erleiden. Hiermit sollt ihr eure
Kräfte heben, damit ihr nicht in Raserei verfallet.
Dies sollt ihr so oft tun, bis die Kräfte der Seele
gereizt werden, bis ihr in das Wissen gelangt,
von dem wir vorhin geredet haben. — Gelobt
und geehrt sei der süsse Name unsres Herrn
Jesu Christi. Amen.

3.

Von der Abgeschiedenheit.

Ich habe viele Schriften gelesen, von heidnischen Meistern und von Propheten, und vom alten und neuen Bund, und habe mit Ernst und ganzem Fleiss gesucht, was die beste und höchste Tugend sei, mit der der Mensch sich auf dem nächsten Wege zu Gott verfügen könnte, und mit der der Mensch ganz gleich wäre dem Bilde, wie er in Gott war, indem zwischen ihm und Gott kein Unterschied war, bevor Gott die Kreaturen erschuf. Und wenn ich alle Schriften durchforsche, so gut meine Vernunft zu ergründen und erkennen vermag, so finde ich nichts anderes als reine Abgeschiedenheit, die aller Kreaturen entledigt ist. Darum sprach unser Herr zu Martha: „unum est necessarium," das heisst so viel wie: wer ungetrübt und rein sein will, der muss eines haben, und das ist Abgeschiedenheit.

Die Lehrer loben gar gewaltig die Liebe, wie

zum Beispiel Sankt Paulus mit den Worten: „Was
ich auch üben mag, habe ich nicht Liebe, so
habe ich gar nichts." Ich aber lobe die Abgeschiedenheit mehr als alle Liebe. Zum ersten darum, weil das Gute an der Liebe ist, dass sie
mich zwingt, Gott zu lieben. Nun ist es viel mehr
wert, dass ich Gott zu mir zwinge als dass ich
mich zu Gott zwinge. Und das kommt daher, dass
meine ewige Seligkeit daran liegt, dass ich und
Gott vereinigt werden; denn Gott kann sich
passender mir anpassen und besser mit mir vereinigen, als ich mit ihm. Dass Abgeschiedenheit
Gott zu mir zwingt, das bewähre ich damit: ein
jedes Ding ist doch gerne an seiner natürlichen
Eigenstätte. Nun ist Gottes natürliche Eigenstätte
Einfachheit und Reinheit; die kommen von der
Abgeschiedenheit. Darum muss Gott notwendig
sich selbst einem abgeschiedenen Herzen hingeben. — Zum zweiten lobe ich die Abgeschiedenheit mehr als die Liebe, weil die Liebe mich dazu
zwingt, alles um Gottes willen auf mich zu
nehmen, während die Abgeschiedenheit mich dazu
zwingt, dass ich für nichts empfänglich bin als
für Gott. Nun steht es aber viel höher, für gar
nichts als Gott empfänglich zu sein, als um
Gottes willen alles zu tragen. Denn in dem Leiden
hat der Mensch noch einen Hinblick auf die Kreatur, von der er zu leiden hat. Die Abgeschieden-

heit dagegen ist aller Kreatur entledigt. Dass aber die Abgeschiedenheit für nichts als für Gott empfänglich ist, das beweise ich: · denn was empfangen werden soll, dass muss irgendworin empfangen werden. Nun ist aber die Abgeschiedenheit dem Nichts so nahe, dass kein Ding so zierlich ist, dass es in der Abgeschiedenheit enthalten sein kann als Gott allein. Der ist so einfach und zierlich, dass er wohl in dem abgeschiedenen ·Herzen sich aufhalten kann.

Die Meister loben auch die Demut vor vielen andern Tugenden. Ich lobe die Abgeschiedenheit vor aller Demut, und zwar darum. Die Demut kann ohne die Abgeschiedenheit bleiben; dagegen gibt es keine vollkommene Abgeschiedenheit ohne vollkommene Demut. Denn vollkommene Demut zielt auf ein Vernichten seiner selbst; nun berührt sich aber die Abgeschiedenheit so nahe mit dem Nichts, dass zwischen ihr und dem Nichts kein Ding mehr sein kann. Daher kann es keine vollkommene Abgeschiedenheit ohne Demut geben, und zwei Tugenden sind immer besser als eine. Der andere Grund, warum ich die Abgeschiedenheit der Demut vorziehe, ist das, dass die vollkommene Demut sich selbst unter alle Kreaturen beugt, und eben damit begibt sich der Mensch aus sich selbst zu den Kreaturen. Aber die Abgeschiedenheit bleibt in sich selbst. Nun aber kann kein Hinausgehen jemals so hoch stehen wie das Darinbleiben in sich selbst. Die vollkommene Abgeschiedenheit achtet auf nichts und neigt sich weder unter noch über eine Kreatur; sie will nicht unten noch oben sein; sie will so für sich selbst verharren, niemand zu Lieb und niemand zu Leid, und will weder Gleichheit noch Ungleichheit, noch dies noch das mit irgend einer Kreatur gemein haben, sie will nichts anderes als allein sein. Daher werden keinerlei Dinge von ihr belästigt.

Ich ziehe auch die Abgeschiedenheit allem Mitleid vor, denn das Mitleid ist nichts anderes, als dass der Mensch aus sich selbst heraus zu den Gebresten seines Mitmenschen geht und davon sein Herz betrüben lässt. Dessen steht die Abgeschiedenheit ledig und bleibt in sich selbst und lässt sich durch nichts betrüben. Kurz gesagt: wenn ich alle Tugenden betrachte, so finde ich keine so ganz ohne Fehler und so zu Gott führend wie die Abgeschiedenheit.

Ein Meister, namens Avicenna spricht: Die Stufe des Geistes, der abgeschieden ist, ist so hoch, das alles, was er schaut, wahr ist, und was er begehrt, wird ihm gewährt, und wo er gebietet, da muss man ihm gehorsam sein. Und ihr sollt das fürwahr wissen: wenn der freie Geist in rechter Abgeschiedenheit steht, so zwingt er

Gott zu seinem Wesen; und könnte er formlos und ohne allen Zustand sein, so nähme er Gottes Eigenschaft an. Das kann aber Gott niemandem geben als sich selbst; daher kann Gott dem abgeschiedenen Geiste nicht mehr tun, als dass er sich ihm selbst gibt. Und der Mensch, der in so ganzer Abgeschiedenheit steht, wird so in die Ewigkeit verzückt, dass ihn kein vergängliches Ding bewegen kann, dass er nichts empfindet, was körperlich ist, und der Welt tot heisst, denn er empfindet und schmeckt nichts, was irdisch ist. Das meinte Sankt Paulus, als er sprach: „Ich lebe und lebe doch nicht, Christus lebt in mir." Nun könntest du fragen, was denn die Abgeschiedenheit sei, wenn sie so edel an sich selbst ist? Nun sollst du erfahren, dass richtige Abgeschiedenheit nichts anderes ist als dass der Geist gegen alle Umstände, sei es Freude oder Leid, Ehre, Schande oder Schmach, so unbeweglich bleibt, wie ein breiter Berg gegen einen kleinen Wind. Diese unbewegliche Abgeschiedenheit bringt den Menschen in die grösste Gleichheit mit Gott. Denn dass Gott Gott ist, das hat er von seiner unbeweglichen Abgeschiedenheit, und davon hat er seine Reinheit und seine Einfachheit und seine Unwandelbarkeit. Will daher der Mensch Gott gleich werden, soweit eine Kreatur Gleichheit mit Gott haben kann, so muss er abgeschieden sein. Und du sollst wissen: leer sein aller Kreaturen ist Gottes voll sein, und voll sein aller Kreatur ist Gottes leer sein. Du sollst ferner wissen, dass Gott in dieser unbeweglichen Abgeschiedenheit vorweltlich gestanden ist und noch steht, und sollst wissen, als Gott Himmel und Erde erschuf und alle Kreaturen, das ging seine unbewegliche Abgeschiedenheit so wenig an, als ob er nie Kreaturen geschaffen hätte. Ich sage noch mehr: von allen Gebeten und guten Werken, die der Mensch in der Zeit wirken kann, wird Gottes Abgeschiedenheit so wenig bewegt, als ob nirgends in der Zeit ein Gebet oder ein gutes Werk geschähe, und Gott wird gegen den Menschen dadurch so wenig huldvoller oder geneigter, wie wenn das Gebet oder die guten Werke nicht vor sich gegangen wären. Ich sage noch mehr: als der Sohn in der Gottheit Mensch werden wollte und ward und die Marter erlitt, das ging die unbewegliche Abgeschiedenheit Gottes so wenig an, als ob er nie Mensch geworden wäre. Nun könntest du sagen: So höre ich wohl, dass alles Gebet und alle guten Werke verloren sind, wenn sich Gott ihrer nicht annimmt, und dass ihn niemand damit bewegen kann, und man sagt doch, Gott will um alle Dinge gebeten werden. Hier sollst du wohl auf mich achten und mich recht verstehn (wenn es dir möglich ist), dass Gott mit seinem ersten Blick (wenn wir von einem ersten Blick da reden wollen) alle Dinge ansah, wie sie geschehen sollten, und mit demselben Blick sah, wann und wie er die Kreaturen erschaffen sollte. Er sah auch das geringste Gebet und gute Werk, das jemand je tun würde, und sah an, welches Gebet und welche Andacht er erhören sollte; er sah, dass du ihn morgen eifrig anrufen und mit rechtem Ernst bitten wirst, und dieses Anrufen und Gebet wird Gott nicht morgen erhören, denn er hat es in seiner Ewigkeit gehört, bevor du Mensch wurdest. Ist aber dein Gebet nicht vernünftig oder ohne Ernst, so wird es dir Gott nicht jetzt versagen, denn er hat es dir in seiner Ewigkeit versagt. So hat Gott mit seinem ersten ewigen Blick alle Dinge angesehen und wirkt gar nichts um eines Warums willen, denn es ist alles ein vorgewirktes Ding. Und so steht Gott allezeit in seiner unbeweglichen Abgeschiedenheit, während doch darum der Leute Gebet und gute Werke nicht verloren sind, denn wer recht tut, dem wird auch recht gelohnt. Philippus sagt: „Gott Schöpfer hält die Dinge in dem Lauf und der Ordnung, die er ihnen im Anfang gegeben hat." Denn bei ihm ist nichts vergangen und auch nichts künftig, und er hat alle Heiligen geliebt, wie er sie vorhergesehen hat, ehe die Welt ward. Und wenn es dazu kommt, dass sich das in der Zeit zeigt, was er in der Ewigkeit angesehen hat, so wähnen die Leute, Gott habe sich eine neue Liebe beigelegt; und wenn er zürnt oder etwas Gutes tut, so werden wir gewandelt, er aber bleibt unwandelbar, wie der Sonnenschein den kranken Augen weh und den gesunden wohl tut, und bleibt doch für sich selbst unwandelbar derselbe Schein. Gott sieht nicht die Zeit, und in seinem Sehen geschieht auch keine Erneuerung. In diesem Sinne spricht auch Isidorus in dem Buch vom obersten Gute: Es fragen viele Leute, was Gott tat, ehe er Himmel und Erde erschuf, oder woher der neue Wille in Gott kam, dass er die Kreaturen schuf? und antwortete folgendes: Es stand nie ein neuer Wille in Gott auf, denn obwohl es richtig ist, dass die Kreatur nicht für sich selbst war, wie sie jetzt ist, so war sie doch vorweltlich in Gott und seiner Vernunft. Gott schuf nicht Himmel und Erde, wie wir vergänglich sagen, dass sie wurden, sondern alle Kreaturen sind in dem ewigen Worte gesprochen. Nun könnte ein Mensch fragen: Hatte Christus auch unbewegliche Abgeschiedenheit, als er sprach: „Meine Seele ist betrübt bis in den Tod?" und Maria, als sie unter dem Kreuze stand? und man spricht doch viel von ihrer Klage: wie kann dies alles sich

vertragen mit unbeweglicher Abgeschiedenheit?
Hier sollst du erfahren, was die Meister sprechen,
dass in einem jeden Menschen zweierlei Menschen sind: der eine heisst der äussere Mensch,
das ist die Sinnlichkeit; diesem Menschen dienen
fünf Sinne, doch wirkt er mit der Kraft der
Seele. Der andere Mensch heisst der innere
Mensch, das ist des Menschen Innerlichkeit. Nun
sollst du wissen, dass jeder Mensch, der Gott
liebt, die Kräfte der Seele in dem äussern Menschen nicht mehr anwendet, als die fünf Sinne
zur Not bedürfen; und die Innerlichkeit wendet
sich nur insoweit zu den fünf Sinnen, als sie
ein Führer und Lehrer derselben ist und sie be-
hütet, dass sie ihren Gegenstand nicht tierisch
benutzen, wie manche Leute tun, die ihrer leiblichen Wollust nachleben wie die Tiere, die ohne
Vernunft sind, und solche Leute sollten eigentlich mehr Tiere als Menschen heissen. Und die
Kräfte, die die Seele überdies hat und den fünf
Sinnen nicht gibt, gibt sie alle dem innern Menschen, und wenn der einen hohen, edeln Gegenstand hat, so zieht sie alle die Kräfte, die sie
den fünf Sinnen geliehen hat, zu sich heran,
und es heisst dieser Mensch dann von Sinnen
und verzückt, weil sein Gegenstand ein unver-
nünftiges Bild ist oder etwas Vernünftiges ohne
Bild. Und wisset, dass Gott von jedem Geist-

menschen begehrt, dass er ihn mit allen
Kräften der Seele liebt. Darum sprach er: „liebe
deinen Gott von ganzem Herzen." Nun gibt es
manche Menschen, die verzehren die Kräfte der
Seele ganz und gar in dem äussern Menschen.
Das sind die Leute, die alle ihre Sinne und Gedanken auf vergängliche Güter richten und nichts
von dem inneren Menschen wissen. Wie nun
ein guter Mensch manchmal den äussern Menschen aller Kräfte der Seele beraubt, wenn sie
eine hohe Aufgabe hat, so berauben tierische
Leute den innern Menschen aller Kräfte der Seele
und gebrauchen sie für den äussern Menschen.
Nun musst du wissen, dass der äussere Mensch
in Tätigkeit sein kann, während der innere gänzlich derselben entledigt und unbeweglich steht.
Nun war in Christus auch ein äusserer und ein
innerer Mensch, und ebenso in unserer Frau, und
alles, was Christus und unsere Frau je von
äusseren Dingen redeten, das taten sie als äusserer
Mensch, und der innere Mensch stand in einer
unbeweglichen Abgeschiedenheit. Nimm dafür
ein Ebenbild: Eine Tür geht in einer Angel auf
und zu. Nun vergleiche ich das äussere Brett
an der Türe dem äusseren Menschen, und die
Angel dem inneren Menschen. Wenn nun die
Tür auf und zu geht, so bewegt sich das äussere
Brett hin und her, und die Angel bleibt doch

unbeweglich an einem Fleck und wird darum
nicht im geringsten verändert. In gleicher Weise
ist es auch hier.

Nun frage ich, was die Aufgabe der reinen
Abgeschiedenheit sei? Darauf antworte ich, dass
weder dies noch das ihre Aufgabe ist. Sie beruht auf einem blossen Nichts, denn sie beruht
auf dem Höchsten, worin Gott mit seinem ganzen
Wirken kann. Nun kann Gott nicht in allen
Herzen trotz all seines Willens etwas wirken.
Denn obwohl Gott allmächtig ist, so kann er
doch nur wirken, wenn er Bereitschaft oder Macht
findet. Sein Wirken ist in den Menschen anders
als in den Steinen; dafür finden wir in der Natur ein Gleichnis. Wenn man einen Backofen
heizt und einen Teig von Hafer und einen von
Gerste und einen von Roggen und einen von
Weizen hineinlegt, so ist nur e i n e Hitze in dem
Ofen, und doch wirkt sie nicht in allen Teigen
gleich; denn der eine wird ein schönes Brot,
der andere wird rauh und der dritte noch rauher.
Daran ist nicht die Hitze schuld, sondern die
Materie, die ungleich ist. Ebenso wirkt Gott
nicht in allen Herzen gleich, sondern je nachdem er Bereitschaft und Empfänglichkeit findet.
In den Herzen nun, in denen dies oder das ist,
kann etwas sein, das Gott hindert aufs höchste
zu wirken. Soll daher ein Herz Bereitschaft für

das Allerhöchste haben, so muss es auf einem blossen Nichts beruhen, und darin ist auch die grösste Möglichkeit, die es geben kann. Nimm dafür ein Gleichnis aus der Natur. Will ich auf eine weisse Tafel schreiben, so kann etwas, das auf der Tafel geschrieben steht, noch so erhaben sein, es stört mich doch, weil ich nicht darauf schreiben kann; und wenn ich schreiben will, so muss ich alles auslöschen, was auf der Tafel steht, und die Tafel passt mir dann am besten zum Schreiben, wenn nichts darauf steht. Ebenso ist es, wenn Gott aufs allerhöchste in mein Herz schreiben will, dann muss alles aus dem Herzen heraus, was dies oder das geheissen ist, und so steht es um das abgeschiedene Herz. Daher mag dann Gott aufs allerhöchste seinen obersten Willen wirken, und so ist des abgeschiedenen Herzens Aufgabe weder dies noch das. Nun frage ich aber: was ist des abgeschiedenen Herzens Gebet? Ich antworte: Abgeschiedenheit und Reinheit kann nicht bitten, denn wer bittet, der begehrt etwas von Gott, was ihm zu teil werde, oder was Gott ihm abnehmen soll. Nun begehrt aber das abgeschiedene Herz nach nichts und hat auch nichts, dessen es gerne ledig wäre. Darum ist es allen Gebets entledigt, und sein Gebet ist nichts anderes als mit Gott einförmig sein. In diesem Sinne können wir das Wort nehmen, das Dionysius über Sankt Pauls Wort spricht: „Es sind ihrer viel, die alle nach der Krone laufen, und sie wird doch nur einem zu teil." Alle Kräfte der Seele laufen nach der Krone, und sie wird doch allein dem Wesen zu teil. Dazu also sagt Dionysius: Der Lauf ist nichts anderes als ein Abwenden von allen Kreaturen und ein Vereinigen mit der Ungeschaffenheit. Und wenn die Seele dazu kommt, dann verliert sie ihren Namen und zieht Gott in sich, dass sie an sich selbst zunichte wird, wie die Sonne das Morgenrot anzieht, dass es zunichte wird. Dazu bringt den Menschen nichts als reine Abgeschiedenheit. Hierher kann auch das Wort, das Sankt Augustin spricht, passen: Die Seele hat einen himmlischen Eingang in die göttliche Natur, wo ihr alle Dinge zunichte werden. Dieser Eingang ist auf Erden nichts anderes als reine Abgeschiedenheit. Und wenn die Abgeschiedenheit aufs höchste kommt, so wird sie aus Bewusstsein bewusstlos und aus Liebe lieblos und vor Licht finster. Darum können wir auch annehmen, was ein Meister spricht: Selig sind die Armen des Geistes, die Gott alle Dinge gelassen haben, wie er sie hatte, als wir nicht waren. Dass Gott in einem abgeschiedenen Herzen lieber ist als in allen andern Herzen, das merken wir daran: wenn du mich

12

fragst, was Gott in allen Dingen suche, so antworte ich dir aus dem Buche der Weisheit, wo
er spricht: „In allen Dingen suche ich Ruhe."
Es ist aber nirgends ganze Ruhe als allein in
dem abgeschiedenen Herzen. Es kann sich aber
kein Mensch für das göttliche Einfliessen anders
empfänglich machen als dadurch, dass er mit
Gott einförmig wird, denn je nachdem ein Mensch
mit Gott einförmig ist, ist er des göttlichen Ein-
fliessens empfänglich. Daher scheidet die Bilder
ab und einigt euch mit formlosem Wesen, denn
Gottes geistiger Trost ist zart, darum will er
sich niemandem bieten als dem, der leiblichen
Trost verschmäht.

Nun höret, vernünftige Leute allesamt: es
ist niemand fröhlicher als wer in der grössten
Abgeschiedenheit steht. Es kann keine leibliche
oder fleischliche Lust ohne geistigen Schaden
sein; wer darum im Fleisch ungeordnete Liebe
sät, der ruft den Tod herbei; und wer im Geist
ordentliche Liebe sät, der erntet im Geist das
ewige Leben. Je mehr daher der Mensch vor
dem Geschöpf flieht, um so mehr läuft ihm der
Schöpfer nach. Daher ist Abgeschiedenheit das
allerbeste, denn sie reinigt die Seele und läutert
die Gewissen und entzündet das Herz und erweckt den Geist und spornt die Begierde und
vergoldet die Tugend und lässt Gott erkennen

und scheidet die Kreatur ab und vereint sie mit
Gott; denn die von Gott getrennte Liebe ist wie
das Wasser im Feuer und die mit ihm vereinigte
Liebe ist wie der Waben im Honig. Nun passt
auf, vernünftige Geister allesamt! Das schnellste
Tier, das euch zur Vollkommenheit trägt, ist
Leiden, denn es geniesst niemand mehr der ewigen
Seligkeit als wer mit Christus in der grössten
Bitternis steht. Es gibt nichts Galligeres als
leiden und nichts Honigsameres als gelitten haben.
Das sicherste Fundament, worauf diese Vollkommenheit beruhen kann, ist Demut, denn
wessen Natur hier in der tiefsten Niedrigkeit
kriecht, dessen Geist fliegt auf in das Höchste
der Gottheit, denn Freude bringt Leid und Leid
bringt Freude. Der Menschen Tun ist vierler-
lei: der eine lebt so, der andere anders. Wer
in dieser Zeit zum höchsten Leben kommen will,
der nehme mit kurzen Worten aus dieser ganzen
Schrift die Lehre, mit der ich schliesse:

Halte dich abgeschieden von allen Menschen,
halte dich rein von allen eingezogenen Bildern,
befreie dich von alledem, was Unfall, Haft und
Kummer bringen kann, und richte dein Gemüt
allzeit auf ein tugendhaftes Schauen, in dem du
Gott in deinem Herzen trägst als stetes Ziel, von
dem deine Augen niemals ablassen; und was
andere Uebungen angeht, als Fasten, Wachen,

12*

Beten, die richte darauf als auf ihren Zweck und habe so viel davon, als sie dich dazu fördern können, so erreichst du das Ziel der Vollkommenheit. Nun könnte jemand sagen: wer könnte den unverwandten Anblick des göttlichen Vorbildes aushalten? Darauf antworte ich: niemand, der heutzutage lebt. Es ist dir allein darum gesagt, damit du weisst, was das Höchste ist, und wonach du trachten und begehren sollst. Wenn aber dieser Anblick dir entzogen wird, so soll dir, wenn du ein guter Mensch bist, zu Mute sein, als ob dir deine ewige Seligkeit genommen wäre, und du sollst bald zu ihm wiederkehren, damit er dir wieder werde, und du sollst allezeit auf dich selbst acht haben, und dein Ziel und deine Zuflucht soll darin sein, so sehr es dir möglich ist. Herr, gelobt seist du ewiglich. Amen.

4.

Von der Ueberfreude.

Wäre weder Hölle noch Himmelreich, dennoch wollte ich Gott, süsser Vater, dich und deine hohe Natur lieben, worin die Dreiheit in der Einheit steht. Seht, jetzt mögt ihr gerne hören von all dem Heimlichen der hohen Natur der Dreieinigkeit. Die Personen sind Gott in ihrer Persönlichkeit, Gottheit gemäss der Natur in der Einheit. Seht, jetzt mögt ihr hören, was Gott und Gottheit ist. Das ist ein Unterschied; den gewahrt meine Seele am Widerschein der hohen Einheit. Die leuchtet in ihr eigenes Wesen ganz ohne Unterschiedenheit. Darin hat sie all ihre Einheit verschlossen und doch mit Unterscheidung der hohen Persönlichkeit. Der Fluss ist ursprünglich, in dem die Einheit lebt; das einig Eine, das in sich selbst in dunkler Stille schwebt, ist ohne ein Bedürfen. Niemand kann es verstehn, doch in seiner Selbstheit ist es offenbar. Das Licht ist das erste in der Ur-

sprünglichkeit, das den Geist hinausführt aus
seinem Wesen in die Verborgenheit, allbleibend,
eingezogen, in die Dunkelheit versunken. Allda
wird er verlocket, allda wird er des Lichtes Dunkelheit entkleidet, allda verliert er beide in der Ab-
gründlichkeit, allda wird das verborgene Wesen,
der Geist, in der Einheit entfremdet, und doch
ist's sein Leben.

O grundlos tiefer Abgrund, in deiner Tiefe
bist du hoch, in deiner Höhe tief! Wie kann
das sein? Das ist uns im Abgrund deiner Tiefe
verborgen. Doch sagt Sankt Paulus, es soll uns
klar werden. In dieser Klarheit ist der Geist
über seine Selbstheit, ihn hat die Dreieinigkeit
an sich gezogen. Da stirbt der Geist allsterbend
im Wunder der Gottheit, denn er hat in der
Einheit keine Unterschiedenheit; das Persönliche
verliert seinen Namen in der Einheit. Wo der
Geist in der Einheit auf nichts beruht, da verliert er in göttlicher Art jedes Mittel. Des Lichts
wie der Dunkelheit ist er entledigt, der Materie
wie der Form. Ein Fünklein, so nackt, wie es
geschaffen ist, ein Nichts von seinem Nichts, das
wird vom Etwas seines Nichts eingezogen. Eben
das Nichts ist Nacktheit im Wesen der Person,
das den Geist wegführt und in die Einheit
schweben lässt. In dem Unbegreifen der hohen
Einheit, die alle Dinge ausser sich in ihrer Selbst-

heit vernichtet, ist Eins ohne Unterschiedenheit,
und doch ein Etwas, das aus ihrer Selbstheit geschaffen ist. Dieses Eine, das ich hier meine,
ist wortlos. Eins und Eins vereint leuchtet da
nackt in nackt. Wo die zwei Abgründe in einer
Gleichheit schweben, gegeistet und entgeistet,
da ist ein hohes Wesen; wo sich Gott entgeistet,
da ist Dunkelheit in einer unerkannten bekannten
Einheit. Das ist uns verborgen in der Tiefe
seiner Stille. Alle Kreaturen ergründen nicht
das Etwas.

Dass wir uns selbst entsinken, dess freuen wir
uns heute,
Und danach sollt ihr trachten immerdar, ihr
Leute,
Und in das Höchste eilen, das ist die Ueber-
freude.

Die Seele auf der Suche nach Gott.

Die Gott um Lohn mit äussern Werken dienen, denen soll mit geschaffenen Dingen wie Himmelreich und himmlischen Dingen gelohnt werden. Die aber Gott mit innerlichen Werken dienen, denen soll mit dem gelohnt werden, was ungeschaffen ist, das heisst mit den Werken der heiligen Dreifaltigkeit!

Nun pass auf. Zerginge das Feuer, so wäre kein Licht; zerginge die Erde, so wäre kein Leben; zerginge die Luft, so wäre keine Liebe; zerginge das Wasser, so wäre kein Raum. Darum ist Gott nicht Licht noch Leben noch Liebe noch Natur noch Geist noch Schein noch alles, was man in Worte fassen kann. Es ist Gott in Gott, und Gott ist aus Gott geflossen, und Gott befindet sich in sich selbst als Gott und befindet sich in all seinen Kreaturen als Gott und befindet sich insbesondere in einer edeln Seele. Der Vater ist allgewaltig in der Seele, der Sohn

allweise, der heilige Geist allliebend in der Seele
und er liebt alle Kreaturen in gleicher Liebe.
Er zeigt sich ihnen aber ungleich, und dazu ist
die Seele geschaffen, dass sie es erkennen soll,
wie es ist, und sich in die Reinheit des grundlosen
Brunnens göttlicher Natur versenken soll und
da wie eins werden mit Gott, so dass sie selbst
sagen könnte, sie sei Gott. So abgezogen sollte
die Seele in sich selbst sein, dass sie keine ge-
machten oder genannten Dinge in sich bilden
kann, und sollte so entblösst in sich selbst sein,
wie Gott aller Namen entblösst ist, und sollte
sich über sich selbst in ihren Gott erheben und
sich mit ihrem Gott für ihren Gott halten; denn
Gott ist weder weiss noch schwarz noch gross
noch klein; er hat weder Raum noch Vergangenheit noch Zukunft und die Seele ist ihm nur insofern gleich als sie sich über alle Geschaffen-
heit hinwegsetzen kann.

Die Seele ist eine Kreatur, die alle genannten
Dinge empfangen kann, und ungenannte Dinge
kann sie nur empfangen, wenn sie so tief in
Gott empfangen wird, dass sie selbst namenlos
wird. Und das kann dann niemand wissen, ob
Gott sie oder sie Gott ergriffen habe. Dionysius sagt, dass Gott sich selbst in ihr begriffen
habe und sie so ganz in sich zieht, dass sie in
sich selbst nichts mehr ist als Gott. Zu dieser

Erkenntnis ist die Seele geschaffen, dass sie mit einem Erguss göttlicher Herrlichkeit in den Grund des grundlosen Brunnens zurückfliessen soll, woher sie geflossen ist, und erkennen soll, dass sie an sich selbst nichts ist. Das Wahrste, das uns zugehört, das ist, dass wir erkennen, dass wir von uns selbst aus nichts sind, und dass wir nicht wir selbst sind.

Gott hat alle Dinge für sich selbst getan und hat die Seele sich gleich gemacht, damit sie über allen Dingen, unter allen Dingen, in allen Dingen und ausserhalb aller Dinge sein könne, und doch ungeteilt in sich selbst bleibe. Doch steht sie auf höherer Stufe, wenn sie in der Wüstung verharrt, wo sie nichts ist und wo kein Werk ist. Sankt Dionysius sagt: Herr, ziehe mich in die Wüste, wo du nicht gebildet bist, damit ich in deiner Wüste alle Bilder verliere. Wenn die Seele so über alle Dinge hinausgegangen ist, so spricht sie: Herr, ziehe mich in die Gottheit, wo du nichts bist, denn alles, was etwas ist, halte ich nicht für Gott. Ihren freien Willen gibt sie Gott und wirft sich in ihre Nacktheit und spricht: Herr, ziehe mich in die Finsternis deiner Gottheit, auf dass ich in der Finsternis all mein Licht verliere: denn alles, was man offenbaren kann, halte ich nicht für Licht. Sie wird so mit Gott vereinigt, dass sie mehr Gott wird, als sie an sich selbst ist. Etwas von Gott ist Gott ganz und gar, und etwas von ihm birgt sein ganzes Wesen. Darum ist er in der niedrigsten Kreatur ebenso vollkommen wie in der obersten. Ein Gleichnis: Der kleinste Zapfen am Fass verschliesst alles was darin ist, ebenso gut wie der grösste. Darum ruht sein Begreifen auf seiner väterlichen Kraft. Er begreift sich in sich selbst in allen Kreaturen. Und das Begreifen hat er verhüllt mit dem Gewande der Dunkelheit, dass ihn keine Kreatur so begreifen kann, wie er sich selbst in sich selbst begreift. Was die Seele im Licht begreift, das verliert sie in der Dunkelheit. Und doch trachtet sie nach der Dunkelheit, weil sie das Dunkel wegsamer dünkt als das Licht. Allda verliert sie sich und das Licht in der Dunkelheit.

Die Kraft, die die Seele zum Ziel bringt und sie aus sich selbst ohne ihr Zutun hinausführt, ist Gott. Ich berühre das Münster, ich führe es aber nicht hinweg. Dass wir Gott Materie, Form und Werk beilegen, geschieht um unserer groben Sinne wegen. Die Meister sagen: ein Licht erleuchtet nicht und hat weder Form noch Materie und ist doch Kreatur. Wer Gott kennen will wie er ist, der muss aller Wissenschaft entledigt sein. Wo Gott weder Zeit noch Wesen hat, da ist er ungenannt.

Nun pass auf, wann der Mensch alle Kreatur ist. Wenn er ihrer aller Kraft in sich hat.
Wenn der Mensch mit den äussern Sinnen alle
körperlichen Dinge erkennt und sich dann abscheidet und doch ohne Berührung darin bleibt,
und wenn er mit den innern Sinnen alle geistigen
Dinge erkennt und sich dann ebenfalls abscheidet
und ohne Berührung darin bleibt: dann erst ist
der Mensch alle Kreatur und dann erst ist er
zu seiner Natur gekommen und ist bereit in Gott
zu gehn. Dass wir Gott nicht finden, das kommt
daher: wir suchen ihn mit Gleichnissen, während
er doch kein Gleichnis hat. Alles, was die heilige Schrift beibringen kann, ist mehr ihm ungleich als ihm gleich. Darüber sagt Origines,
dass die Seele Gott erforschen will, das kommt
von ihrem vielen Beobachten. Erkennte sie sich
selbst, sie erkennte auch ihren Gott. Dass sich
die Seeel bildet und ihren Gott bildet, das kommt
bei ihr davon, dass sie zu viel beobachtet. Wenn
sie in die Gottheit versinkt, da geht ihr alles
Beobachten verloren.

Darüber sagt Dionysius zu Timotheus: Mein
Freund Timotheus, wirst du des Geistes der
Wahrheit gewahr, so geh ihr nicht mit menschlichen Sinnen nach, denn er ist sehr geschwinde:
er kommt als ein Sausen. Man soll Gott suchen
mit Fremdheit, mit Vergessenheit und mit Un-

sinnen, denn die Gottheit hat die Kraft aller Dinge
in sich und hat in keinen Dingen ihres Gleichen.
Dionysius sagt, die Seele hat ihre Kräfte auf
ihr nacktes Wesen geworfen, so dass die oberste
Kraft allein wirkt. Darüber sagt ein Meister:
wenn die oberste Kraft über die Werke die Ober-
hand gewinnt, so gehen die andern alle in sie
und verlieren ihr Werk, und dann steht die Seele
in ihrer richtigen Ordnung und in ihrem nackten
Wesen, und ihr nacktes Wesen ist ihre empor-
gezogene Klarheit, die hat aller Dinge Kraft in
sich. Darum sagt ein Meister: erkennte die Seele
sich selbst, so erkennte sie alle Dinge.

Gott fliesst in sich selbst zurück, so dass
er aller Kreaturen so wenig achtet als er tat wie
sie nicht waren. So soll auch die Seele tun.
Dies soll mit dem Menschtum die Person des
Sohns begreifen, und mit der Person des Sohns
den Vater, und den heiligen Geist in ihnen beiden,
und sie beide in dem heiligen Geist, und soll
mit der Person des Vaters das einfache Wesen
begreifen und mit dem Wesen den Abgrund
und soll in dem Abgrund versinken ohne Materie
und Form. Materie, Form, Verstand und Wesen
hat sie in der Einheit verloren, denn sie ist an
sich selbst zunichte geworden: Gott wirkt alle
ihre Werke, er hält sie in seinem Wesen und
führt sie in seiner Kraft in die blosse Gottheit.

Da fliesst sie mit der Gottheit in all das, worin Gott fliesst. Sie ist aller Dinge Ort und sie hat selbst keinen Ort. Dies ist der Geist der Weisheit, die weder Herz noch Gedanken hat.

———

6.

Von der Ueberfahrt zur Gottheit.

Wie die Sonne scheint, so sieht das Auge;
dann ist das Auge in der Sonne, und die Sonne
im Auge. Wohlauf, mein Freund, nun merke,
was ich meine, denn ich traue mich kaum, meine
Meinung zu schreiben oder zu reden, weil in
den Personen die göttliche Natur ein Spiegel ist,
wohin nie Sprache kommt. Soweit sich die Seele
über die Sprache erheben kann, so weit macht
sie sich dem Spiegel gleich. In dem Spiegel
sammelt sich nur Gleiches.

Als ich, Herr, in dir war, da war ich un-
bedürftig in meinem Nichts, und dein Angesicht,
dass du mich ansahst, das machte mich bedürftig. Wenn das ein Tod ist, dass die Seele von
Gott scheidet, so ist auch das ein Tod, dass sie
aus Gott geflossen ist, denn jede Bewegung ist
Sterben. Daher sterben wir von Zeit zu Zeit,
und die Seele stirbt allsterbend in dem Wunder
der Gottheit, da sie göttliche Natur nicht er-

fassen kann. In dem Nichts stürzt sie hinüber und wird zunichte. In diesem Nichtsein wird sie begraben und mit Unerkenntnis wird sie vereint in den Unbekannten und mit Ungedanken wird sie vereint in den Ungedachten und mit Unliebe wird sie vereint in den Ungeliebten. Was der Tod erfasst, das kann ihm niemand mehr nehmen: er scheidet das Leben vom Körper und scheidet die Seele von Gott und wirft sie in die Gottheit und begräbt sie in ihr, so dass sie allen Kreaturen unbekannt ist. Da wird sie als Verwandelte im Grab vergessen, und sie wird unbegreiflich allen Begreifern. Wie Gott unbegreiflich ist, so unbegreiflich wird sie. So wenig man die Toten begreifen kann, die hier vom Körper sterben, so wenig kann man die Toten begreifen, die in der Gottheit tot sind. Diesen Tod sucht die Seele ewiglich. Wenn die Seele in den drei Personen getötet wird, dann verliert sie ihr Nichts und wird in die Gottheit geworfen. Da findet sie das Antlitz ihres Nichts. Darüber spricht unser Herr: „Meine Unbefleckte, du bist gar schön,“ und von der Unbegreiflichkeit seiner Schönheit spricht sie: „Du bist noch schöner.“ Da blickt sie in die geheimen Künste Gottes, dass Gott wunderbarerweise das Nichts bedürftig gemacht hat, und es hat ihm doch nichts geschadet. Sankt Dionysius sagt: Das ist kein Wunder, dass Gott die Seelen mit seinem Angesicht bedürftig gemacht hat, wo doch die Sonne ohne weiteres den Maden und den Würmern im faulen Holze Leben gibt. So sieht die Seele Gottes Grösse an und ihre Kleinheit, und wirft sich aus dem Herzen Gottes und aus allen Kreaturen, und bleibt bei ihrem blossen Nichts und die göttliche Kraft enthält sie in ihrem Wesen. Sankt Dionysius sagt: Alle Dinge stehn nach dem Gebot Gottes auf Nichts. Und wieder sagt er: Der Blick, der aus Gott in die Seele geht, ist ein Beginn des Glaubens, dass ich glaube, was mir nie offenbart ward. So weit als sich die Seele mit dem Glauben in das unbekannte Gut versenken kann, so weit wird sie eins mit dem unbekannten Gut und wird sich selbst und allen Kreaturen unbekannt. Sie weiss wohl, dass sie ist; aber sie weiss nicht, was sie ist. Wenn sie alles das erkennt, was zu erkennen ist, erst dann kommt sie hinüber in das unbekannte Gut. Diese Ueberfahrt ist manchen Erkennern verborgen. Die Seele ist ihrer Natur nach dergestalt: wo sie irgend ist, da ist sie ganz und gar, in jedem Glied ist sie ganz und gar, und das kommt daher: wo irgend Natur ist, da ist sie ganz und gar. Darum ist die Gottheit an allen Orten und in allen Kreaturen und in jeder ganz und gar.

Die ungenaturte Natur naturt nur insoweit als sie sich naturen lässt. Sonst naturt sie nicht,

13

der Vater naturt seinen Sohn in der genaturten
Natur, und doch ist der Vater der ungenaturten
Natur so nahe wie der genaturten Natur, denn sie
ist eins mit ihm. Der Vater ist in der ungenaturten
Natur allein und auch der erste in der genaturten
Natur. Und in der genaturten Natur ist der Sohn
mit dem Vater naturend, und der Sohn naturt den
heiligen Geist, und der heilige Geist ist mit dem
Vater und dem Sohne in der genaturten Natur
und er naturt nicht. In der ungenaturten Natur
sind sie eins, und die genaturte Natur unterscheidet
die Personen, und die Personen sind so ewig
in ihren Personen, wie die ungenaturte Natur in
ihrer Natur ist, und die genaturte Natur ist so
ewig an sich, wie die ungenaturte Natur, und
dies ist nichts als e i n Gott und drei Personen,
die naturen die Kreatur, jede in ihrer Natur, und
geben ihnen Kraft und Werk, wie es ihnen am
besten bekommt. Eine jede Kreatur hat ihre
Natur so lieb, dass sie keine andere haben wollte.
Ein Meister spricht: Könnte Gott von Reue ergriffen werden, so reute ihn, dass er nicht allen
Kreaturen göttliche Natur geben konnte.

Gott ist an sich selbst ein einfaches Gut und
ungeteilt. Alle Namen, die die Seele Gott gibt,
nimmt sie aus sich selbst. Er ist dreifaltig und
doch eins und allen Kreaturen gemein und er
ist den verbrannten Geistern und denen, die im

Brande erloschen und in ihm zunichte geworden sind, eine einfache Substanz.

Selig ist die Seele, die sich hinüberschwingt, um alle Dinge in der blossen Gottheit zu empfangen. Die Seele soll begraben werden im Angesichte Gottes, sie soll in den Himmel gezogen werden, wo die drei Personen in der Einheit ihrer Natur darin wohnen. Das ist die verborgene Gottheit, über die man nicht sprechen kann. Selig sind, die die Ueberfahrt machen: denen werden alle Dinge, die doch allen Kreaturen unbekannt sind, in der Wahrheit bekannt.

Die Kreatur hat einen Eingang in Gott, woran ihr Wesen liegt, und sie wirkt in der Kraft, die sie bewegt, von Nichts zu Etwas zu kommen. Nun sagt Sankt Paulus und auch Sankt Augustin: „Wie ist mir geschehen, dass ich von Nichts zu Etwas geworden bin, und von einem Wurme Gott und von einer Kreatur Schöpfer?" Die Seele soll so in Gott vereint sein, dass es ihr vorkommt, es sei nichts mehr als Gott allein, und Gott schaffe nie mehr eine Kreatur als sie allein. Die Seele, die diese Ueberfahrt tut, die kommt in eine Ruhe aller Dinge. Sie ist Gott, wie er an sich selbst ist. Darüber spricht Christus selbst: „Ich bin euch Mensch gewesen, und wenn ihr mir nicht Gott seid, so tut ihr mir unrecht." Gott ist Mensch geworden, damit wir Gott werden. Gott war mit

13*

göttlicher Natur in der menschlichen Natur verborgen, so dass man da nichts erkannte als einen
Menschen. So soll sich die Seele in göttlicher
Natur verbergen, so dass man an ihr nur Gott erkennen kann. Gott ist nicht Natur, wie die Kreatur ist, die das an sich hat, was eine andere nicht
hat. Wer ein Bäcker und auch ein Brauer wäre,
von dem könnte man nicht sagen, er sei allein
ein Brauer, weil er auch ein Bäcker wäre. So
ist Gott a l l e r Naturen Natur, weil er aller Naturen Natur unzerstückt in sich hat. Er ist Licht
aller Lichter, er ist Leben der Lebenden, er ist
Wesen der Wesenden, er ist Sprache der Sprechen-
den. Darum ist er aller Naturen Natur. Darüber
sagt Sankt Dionysius: Er kann deshalb nicht eine
Natur heissen, weil er einfach ist und nichts seines
Gleichen ist. Und ferner sagt er: Man kann Gott
nur mit Unerkenntnis erkennen. Wenn Gott in die
Seele kommt, so kommt er mit allen Dingen in sie.
Allein wenn Gott die Dinge einfach in sich hat,
so hat sie die Seele doch sprachlich mit Unterscheidung; Teufel und Engel und alle Dinge.

So hat die Seele das Vermögen, alle Dinge
in Gott zu empfangen, und sie erkennt, was Gott
in ihnen ist und was sie in Gott sind, und sie
schwingt sich auf in die Einfachheit über alle
Dinge in die Unerkenntnis. Darüber sagt Sankt
Dionysius, das sei Herrschaft, dass man über nie-

dere Dinge hinwegsteige und über die, die daneben sind, und sie in die höchsten bringe. Darüber spricht Christus: „Die mir folgen, die will
ich dahin bringen, wo ich bin." Der Vater spricht
sich in dem Sohn in die Seele. Denn der Sohn, das
Wort, ist des Vaters, so offenbart der Vater sich der
Seele in dem Worte, weil er in seiner göttlichen
Natur keine Gestaltung hat. Und ebenso spricht
sich die Seele in demselben Worte in den Vater
zurück, weil sie keine Gestaltung hat in ihrem
Nichts, darum lässt sie ihr Etwas im Worte und
wirft sich ungestaltet in den Ungestalteten. Die
Gottheit ist ein nacktes, einfaches Ding, das aller
Dinge Kraft in sich hat über den Personen, und
sie kann sich niemandem hingeben und niemand
kann sie völlig so empfangen, dass sie allein in
ihm bestehe. Darüber sagt Sankt Dionysius: Die
Gottheit hat alle Dinge. Darum sind die drei Personen in der Gottheit, die die Gottheit offenbaren, jede von ihnen der andern und der Kreatur insoweit als sie davon empfangen kann. Der
Vater offenbart sich die Gottheit selbst und offenbart sie seinem Sohn, und der Vater und der
Sohn offenbaren sie dem heiligen Geist, und die
drei Personen offenbaren sie den Kreaturen, und
die Gottheit spielt mit der Sprache und vor der
Sprache und über der Sprache, und die Sprache
kann sie nicht erfassen. Und wären nicht die

drei Personen mit ihrer Unterschiedenheit in der Gottheit, so wäre die Gottheit nie offenbart worden und sie hätte nie Kreaturen geschaffen. Darum sind die ewigen Werke eine Ursache der Kreatur. Die Offenbarung nimmt die Gottheit von den Dingen, die niedriger sind als sie. Die allergrösste Vollkommenheit an den Kreaturen ist mangelhaft. So geschieht es manchmal, dass der Mond sich vor die Sonne stellt und den Sonnenschein ganz und gar empfängt; man sagt dann, die Sonne sei verschwunden. So ist ein Stern, der wirft seine Kraft in den Mond und entzieht ihn der Sonne; die Sonne nimmt dann von den Dingen, die unter ihr sind, ihr Licht.

Wenn so die Seele in das reine Wesen der Gottheit kommt, so erkennt sie alle Dinge bis auf die niedrigsten Kreaturen; so leuchtet sie sich selbst, und alle Dinge in ihr, und erkennt in der Gottheit göttliche Natur und in dem Unterschied der Personen verliert sie ihren Namen, und die drei Personen verlieren ihren Namen in der Einheit, und alles was die Einheit umfassen kann, verliert seinen Namen darin. Dann sinkt die Seele nichtswärts dahin und alles soll dem Nichts der Gottheit sich nähern und die Kräfte sollen mitkommen. Darüber sagt Sankt Dionysius: Die Gottheit ist zunichte geworden. Damit meint er, dass die Seele mit ihrem nackten Wesen

den Kräften entgangen ist. Dann haben die Kräfte
die Gottheit verloren und auch ihr blosses Wesen
der Gottheit in den Personen und in den Kräften,
und die Kräfte haben ein Nachfolgen in das Wesen
und sie widerstehen dem Sträuben der Dreieinigkeit. Da verliert die Liebe ihren Namen und alle
Dinge im Nichts der Gottheit, da ist die Seele
in ihr Etwas hineingeflossen. Im Nichts der Gottheit hat der Vater seine Vollkommenheit, und
die drei Personen ihre Einheit, und sie geben
allen Kreaturen ihre Vollkommenheit in ihr geschaffenes Etwas, und die Seele fliesst in ihrem
Etwas im Nichts der Gottheit durch alle Dinge,
und sie berührt sie doch nicht im Etwas ihres
Wesens. Darüber sagt Sankt Dionysius, dass die
Seele nicht berührt werde an ihrem Nichts im
Nichts der Gottheit, und dass die Seele auch die
Gottheit nicht an ihrem Nichts berühre. Da ist
sie so gross, ... dass sie gleich ihm in einem
Lichte fliesst. Darüber sagt Sankt Dionysius: Die
Gottheit ist zunichte geworden, weil die Kräfte
der Seele sie nicht erfassen können.

7.

Vom Zorn der Seele.

Die liebende Seele wird zornig von ihrer Selbsterkenntnis. Sie hat ein Antlitz empfangen gar kräftiglich und ist rot und zornig wegen dessen, was über ihr geblieben ist, das unerreichbar in Gott zurückbleibt, dass sie alles das nicht ist, was Gott von Natur ist, und dass sie alles das nicht hat, was Gott von Natur hat.

Nun sagen die Meister, das sei auch ein arger Zorn, wenn ein Freund seinen Freund selbst und alles was er hat, besitzen will. Die Seele sagt, ihr Zorn sei so grenzenlos, dass er sich nicht mit ihr versöhnen könne. Das Band der Liebe ist ihr allzu stark. Sie spricht: Ach, wer kann mich trösten? Mein Unglück ist gar zu gross! Wäre ich Schöpfer einfach ohne Anfang und ohne Ende, und hätte ich die Kreaturen geschaffen, und wäre er Seele wie ich bin, so wollte ich aus all diesem Wesen herausgehn und wollte sie hereingehn lassen um Gott zu sein, und ich wollte

Kreatur werden; und würde das Gott stören, dass
er sein Wesen von mir hätte, so wollte ich, dass
er mich vertilge, und wollte lieber zunichte werden,
damit er nur nicht von mir gestört würde. Wenn
aber das so ist wie jetzt, dass alles, was geschaffen ist, ein bisschen ewiges Wesen in menschlicher Natur hat und darin ewig stehen bleiben
muss, so weiss ich nicht, wohin ich mich wenden
soll, um einen Platz zu finden. Deshalb neige
ich mich zurück in mich selbst, da finde ich den
schlechtesten Platz, noch schnöder als die Hölle,
denn meine Mängel treiben mich selbst hinaus.
Aber ich will mich doch nicht aufgeben. Hierher will ich mich setzen und hier innen will ich
wohnen, und ich begehre, Herr, dass du niemals
mehr an mich denkst, und allen Kreaturen verbietest, sie sollen mich nimmer trösten, und allen
meinen Kräften verbietest, es soll keine mehr vor
dein Antlitz kommen, damit ich dich nicht störe.

Der dritte Zorn der Seele ist darüber, dass
sie Gott sein wollte, und darüber, dass nirgends
eine Kreatur sei, wie Gott in seiner Ewigkeit war,
bevor er Kreaturen erschuf, wodurch sie die göttliche Natur in der Einheit geniessen könnte, wie
er damals tat. Doch so sei ihm seine Liebe ab-
handen gekommen, denn es ist guten Dinges Art,
dass es sich mitteilt.

Der vierte Zorn ist, dass sie das reine Wesen

rein sein wollte, und dass es also weder Gott noch
Kreatur geben solle. Sie fragt, was denn die drei
Personen in der Gottheit sollten und was die
Kreaturen alle sollten.

[Doch sagt sie, es könnte keine Kreatur ohne
ihr Werk sein. Darum müssten die drei Personen
in der Gottheit sein, und sie sind Ursache der
Kreaturen. Gott hat Gott erhoben: die Kreaturen, die er geschaffen hat, könnten ihn nicht erheben. Alles was die Kreaturen Gott tun, gehört
ihnen selbst: das Lob, das sie Gott geben können,
ist ihr eigenes.]

III.

Fragmente und Sprüche.

Fragmente.

1. Alle Kreaturen sind ein Fussstapfen Gottes.

2. Gott ist nicht ein Zerstörer der Natur, er vollbringt sie vielmehr.

3. Der Mensch kann nicht wissen, was Gott ist. Etwas weiss er wohl: was Gott nicht ist.

4. So gewaltig liebt Gott meine Seele, dass sein Wesen und sein Leben daran liegt, dass er mich lieben muss, es sei ihm lieb oder leid. Wer Gott das nähme, dass er mich liebt, der nähme ihm seine Gottheit.

5. Wer Gott seinen Willen gänzlich gibt, der fängt und bindet Gott, dass Gott nichts kann als was der Mensch will.

6. Erkenntnis kommt von Vergleichen. Weil also die Seele eine Möglichkeit hat, alle Dinge zu erkennen, darum ruht sie nimmer, bis sie in das erste Bild kommt, wo alle Dinge eins sind, und da ruht sie, das ist in Gott. In Gott ist keine Kreatur von anderm Rang als die andre. Die Meister sagen: Wesen und Erkenntnis sind ein und dasselbe.

7. Gott ist nirgends. Gottes Geringstes, dessen ist alle Kreatur voll, und sein Grösstes ist nirgends.

8. Wäre nicht Gott in allen Dingen, die Natur wirkte oder begehrte in keinem Dinge etwas; denn es sei dir lieb oder leid, magst du es wissen oder nicht: die Natur in ihrem Innigsten sucht und meinet Gott. Nie würde ein Mensch, der Durst hat, so sehr nach etwas zu trinken begehren, wenn nicht etwas von Gott darin wäre. Die Natur meinte weder Essen noch Trinken, noch Kleider, noch Bequemlichkeit, noch sonst etwas, wenn nicht Gott darin wäre, und sie jagt und bohrt immer mehr danach, Gott darin zu finden.

9. Verginge das Bild, das nach Gott gebildet ist, so verginge auch das Bild Gottes.

10. Die Vernunft ist eindringend, sie begnügt sich nicht mit Güte oder Weisheit oder Wahrheit und auch nicht mit Gott selbst. Es ist gute Wahrheit, sie begnügt sich so wenig mit Gott wie mit einem Stein oder einem Baum.

11. So wahr das ist, dass Gott Mensch geworden ist, so wahr ist der Mensch Gott geworden.

12. Das ist Gottes Natur, dass er ohne Natur ist.

13. Gott kann, was er will, darum hat er dich sich selbst völlig gleich gemacht und dich zu einem Bild seiner selbst gemacht. Aber „ihm gleich", das klingt wie etwas Fremdes und etwas Entferntes; darum ist die Seele Gott nicht gleich, sie ist ganz und gar das Gleiche wie er und das-selbe was er ist. Ich weiss und kann nicht weiter, damit sei diese Rede zu Ende.

14. Wenn ich Gott nicht zwinge, dass er alles tut, was ich will, dann gebricht es mir entweder an Demut oder an Sehnsucht.

15. Wo sieht man Gott? Wo nicht Gestern noch Morgen ist, wo ein Heute ist und ein Jetzt, da sieht man Gott. Was ist Gott? Ein Meister spricht: Wenn das notwendig sein muss, dass ich von Gott rede, so sage ich, dass Gottes etwas ist, was kein Sinn begreifen oder erlangen kann: sonst weiss ich nichts von ihm. Ein anderer Meister sagt: Wer das von Gott erkennt, dass er unbe-kannt ist, der erkennt Gott. Wenn ich in Paris predige, so sage ich und darf es wohl sagen: alle hier in Paris können mit all ihrer Wissen-schaft nicht begreifen, was Gott in der geringsten Kreatur, auch nur in einer Mücke, ist. Aber ich sage jetzt: die ganze Welt kann es nicht be-greifen. Alles was man von Gott denken kann, das ist Gott ganz und gar nicht. Was Gott an sich selbst ist, dazu kann niemand kommen, der

nicht in ein Licht entrückt wird, das Gott selbst
ist. Was Gott den Engeln ist, das ist gar fern
und niemand weiss es. Was Gott in einer gott-
liebenden Seele ist, das weiss niemand als die
Seele, in der er ist. Was Gott in diesen niedern
Dingen ist, das weiss ich ein wenig, aber sehr
schwach. Wo Gott in der Erkenntnis wohnt, da
fällt alle natürliche Sinnlichkeit ab. Dass wir so
in ein Licht entrückt werden, das Gott selber ist,
um darin in Ewigkeit selig zu sein, das walte
Gott, Amen.

16. Das Wort, das Augustin spricht: Was
der Mensch liebt, das ist der Mensch, ist folgender-
massen zu verstehen: Liebt er einen Stein, so
ist er ein Stein, liebt er einen Menschen, so ist
er ein Mensch, liebt er Gott — nun traue ich
mich nicht weiter zu sprechen, denn sage ich, dass
er dann Gott ist, so könntet ihr mich steinigen
wollen.

17. Den gerechten Menschen ist es so ernst
mit der Gerechtigkeit, dass sie, gesetzt den Fall,
Gott wäre nicht gerecht, nicht eine Bohne sich
um Gott kümmerten.

18. Alle Liebe dieser Welt ist auf Eigenliebe
gebaut. Hättest du die gelassen, so hättest du
alle Welt gelassen.

19. Ich überlegte mir neulich, ob ich von Gott
etwas nehmen oder begehren sollte. Ich will mich

gar sehr besinnen, denn wenn ich von Gott etwas nähme, so wäre ich unter Gott wie ein Knecht unter seinem Herrn durch das Geben. Aber so sollen wir nicht sein im ewigen Leben.

20. Einige einfältige Leute glauben, sie sollten Gott sehen, als stünde er da und sie hier. Dem ist nicht so. Gott und ich, wir sind im Erkennen eins. Nehme ich daher Gott in Liebe in mich, so gehe ich in Gott ein. Wir sollen ihn Erkennende sein, ich ihn wie er mich, nicht minder noch mehr, sondern einfach gleich.

21. Die Liebe nimmt Gott selbst wie er Gott ist; und diesem Namen entfiel Gott. Güte, Liebe kommt niemals vorwärts. Liebe nimmt Gott unter einem Fell, unter einem Kleid. Das tut nicht der Verstand: der Verstand nimmt Gott, wie er in ihm bekannt ist; da kann er ihn niemals begreifen im Meer seiner Grundlosigkeit.

22. Ein Meister, der aufs allerbeste von der Seele gesprochen hat, sagt, dass alle menschliche Wissenschaft niemals dahinter kommt, was die Seele sei. Da gehört übernatürliche Wissenschaft dazu. Es gehen die Kräfte von der Seele in die Werke hinaus. Davon wissen wir nichts, wir wissen wohl ein wenig davon, aber was die Seele im Grunde sei, davon weiss niemand etwas.

23. Eine Kraft ist in der Seele, der sind alle Dinge gleich süss; ja, das allerböseste und das

14

allerbeste, das ist alles gleich für diese Kraft, sie nimmt alle Dinge über hier und über jetzt. Jetzt, das ist die Zeit, und hier ist der Raum.

24. Ich überlegte mir einst (es ist noch nicht lange her): dass ich ein Mensch bin, das ist auch einem andern Menschen mit mir gemein; dass ich sehe und höre und esse und trinke, das tut auch ein anderes Tier; aber dass ich bin, das ist keines Menschen sonst als allein mein, weder eines Menschen noch eines Engels noch Gottes, ausser sofern ich eins mit ihm bin. Alles, was Gott wirkt, das wirkt er in dem Einen sich selbst gleich, und doch ist es in den Werken einander gar ungleich.

25. Wer in der Zeit sein Herz auf die Ewigkeit gestellt hat und in wem alle zeitlichen Dinge tot sind, da ist Vollendung der Zeit. Ich sprach einst: die freuen sich nicht allezeit, die sich freuen in der Zeit. Sankt Paulus spricht: „Freuet euch in Gott allezeit." Der freuet sich allezeit, der sich da freut über Zeit und ohne Zeit. Drei Dinge hindern den Menschen, so dass er Gott in keiner Weise erkennen kann. Das erste ist Zeit, das zweite Körperlichkeit, das dritte Mannigfaltigkeit. Solange diese drei in mir sind, ist Gott nicht in mir und wirkt nicht eigenhaft in mir. Sankt Augustin sagt: es kommt von dem Geiz der Seele, dass sie viel begreifen und haben will, und sie greift in Zeit, in Körperlichkeit und in Mannig-

faltigkeit und verliert damit eben das was sie hat. Denn solange mehr und mehr in dir ist, kann Gott in dir niemals wohnen oder wirken. Diese Dinge müssen immer hinaus, wenn Gott hinein soll, es sei denn, du hättest sie in einer höheren und besseren Weise, dass aus Menge eins geworden wäre. Je mehr dann Mannigfaltigkeit in dir ist, um so mehr Einheit, denn das eine ist in das andere verwandelt. Ich sprach einst: Einheit eint alle Mannigfaltigkeit, aber Mannigfaltigkeit eint nicht Einheit. So wir überhoben werden über alle Dinge, und alles, was in uns ist, aufgehoben wird, so bedrückt uns nichts. Wäre ich rein gottmeinend, dass nichts über mir wäre als Gott, so wäre mir gar nichts schwer und ich würde nicht gar so bald betrübt.

26. Im Grunde der Seele ist die Kraft, die in den Augen wirkt, ebenso hoch im Rang wie der Verstand, und da ist der Fuss und das Auge gleich edel. Was die Seele in ihrem Grunde sei, das ward noch nie gefunden.

27. Die Meister sagen, dass die menschliche Natur mit der Zeit nichts zu tun habe, und dass sie ganz und gar unberührbar sei und dem Menschen viel inniger und näher sei als er sich selbst. Und darum nahm Gott menschliche Natur an und eignete sie seiner Person. Da ward menschliche Natur zu Gott, weil er bloss menschliche Natur

und keinen Menschen annahm. Willst du also selber Christus sein und Gott sein, so geh von alledem ab, was das ewige Wort sich nicht angenommen hat. Das ewige Wort nahm keinen Menschen an sich: darum geh ab von dem, was Mensch an dir ist und was du bist, und benimm dich bloss nach menschlicher Natur, so bist du dasselbe an dem ewigen Worte, was menschliche Natur an ihm ist. Denn deine menschliche Natur und seine hat keinen Unterschied: sie ist eins; denn was sie in Christus ist, das ist sie in dir.

28. Kein Ding ist Gott so sehr entgegengesetzt wie die Zeit.

29. „Er hatte keinen Namen." So ist die Dreifaltigkeit der Gottheit ohne Namen; denn alle die Namen, die ihm die Seele gibt, die nimmt sie aus ihrem Verstande. Darüber sagt ein heidnischer Meister in dem Buche, das „Licht der Lichter" heisst: Gott ist überwesenhaft und übersprachlich und unverstandsam in Bezug auf das, was natürliches Verstehen ist.

30. Ein Meister sagt: Eins ist ein untersagendes Aussagen. Sage ich: Gott ist gut, da wird etwas beigelegt. Eins ist ein untersagendes Aussagen und ein wehrendes Begehren. Was meint Eins? Etwas, dem nichts beigelegt wird. Die Seele nimmt die Gottheit, wie sie in ihr geläutert ist, wo nichts beigelegt wird, wo nichts gedacht

wird. Eins ist Untersagen des Aussagens. Alle
Kreaturen haben irgend ein Untersagen in sich;
die eine sagt aus, dass es die andre nicht sei;
ein Engel sagt aus, dass er nicht eine andere
Kreatur sei. Aber Gott hat ein Untersagen alles
Aussagens, er ist Eins und untersagt alles andere;
denn nichts ist ausser Gott. Alle Kreaturen sind
in Gott und sind die Gottheit seiner selbst und
wollen ihn ausfüllen. Er ist ein Vater aller Gottheit. Darum eine Gottheit, weil nichts ausfliesst,
und nirgends etwas daran rührt, und kein Wort
gedacht wird. Damit, dass ich von Gott etwas
aussage (sage ich von Gott Güte aus, so kann
ich Gott nicht aussagen), damit dass ich von Gott
etwas aussage, verstehe ich etwas unter ihm, was
er nicht ist; eben das muss hinab. Gott ist
Eins, er ist ein Untersagen des Aussagens.

31. Eine Ursache, warum es meiner unwürdig
und mir zuwider wäre, Gott darum zu bitten, er
möge mich gesund machen, ist, dass ich den
reichen liebevollen freigebigen Gott nicht um eine
solche Kleinigkeit bitten will und soll. Gesetzt,
ich reise hundert oder zweihundert Meilen zum
Papste, und wenn ich vor ihm käme, spräche
ich: „O Herr und heiliger Vater, ich bin mit
grossen Kosten auf beschwerlichen Wegen zweihundert Meilen gereist, und bin hierher gekommen, um euch zu bitten, mir eine Bohne

zu schenken," wahrlich, er selbst und jeder, der das hörte, sagte mit Recht, dass ich ein grosser Narr wäre. Nun ist das eine sichere Wahrheit, dass alles Gut, ja alle Kreatur gegen Gott weniger als eine Bohne ist. Darum verschmähte ich es mit Recht, wenn ich ein weiser und guter Mensch wäre, darum zu bitten, gesund zu werden.

32. Seneca, ein heidnischer Meister, spricht: Von grossen und hohen Dingen soll man mit grossen und hohen Sinnen sprechen und mit erhobener Seele. Auch soll man sagen, dass man solche Lehre nicht für Ungelehrte spreche oder schreibe. Dazu sage ich: wenn man ungelehrte Leute nicht lehrt, so wird niemals jemand gelehrt, so kann niemand lehren noch leben noch sterben; denn darum lehrt man die Ungelehrten, dass sie aus Ungelehrten gelehrt werden. Wäre nichts Neues, so würde nichts Altes.

33. Dem gemäss, dass die Gottheit in allen Dingen ist, ist sie die Seele aller Seelen. Die Gottheit ist die Seele der Kreatur.

34. Sankt Dionysius sagt: In Gott begraben werden ist nichts anderes als eine Ueberfahrt in das ungeschaffene Leben. Die Kraft, in der die Verwandlungen der Seele vor sich gehen, ist ihre Materie, und diese Kraft erkennt die Seele niemals bis auf den Grund, denn es ist Gott, und Gott verwandelt sich nicht: die Seele treibt ihre

Verwandlungen in seiner Kraft. Darüber sagt Sankt Dionysius: Gott ist ein Beweger der Seele. Darum ist die Form eine Offenbarung des Wesens. Darüber sagt Sankt Dionysius, Form sei das Etwas des Wesens. Materie ohne Form gibt es nicht. Darum ruht die Seele nimmer, bis sie in Gott kommt, der ihre erste Form ist. Da vereinigt sich die Seele mit Gott, wie die Speise mit dem Menschen: sie wird Auge in den Augen, und Ohr in den Ohren. So wird die Seele Gott in Gott: mit jeder göttlichen Kraft vereinigt sie sich so, wie die Kraft in Gott ist, und Gott vereinigt sich in der Seele so, wie jede Kraft in der Seele ist, und die zwei Naturen fliessen in einem Licht, und die Seele wird allwesend zunichte. Was sie ist, das ist sie in Gott. Die göttlichen Kräfte ziehen sie in sich, ohne hinzusehen, wie die Sonne alle Kreaturen anzieht, ohne hinzusehen.

Was Gott für sich selbst ist, das kann niemand begreifen. Gott ist für sich selbst in allen Dingen, Gott ist alle Dinge in allen Dingen und Gott ist jedem Dinge allzumal alle Dinge. So soll die Seele sein. Gott ist keinem Dinge völlig nichts, Gott ist für sich selbst nicht völlig nichts, Gott ist nichts, was man in Worte fassen kann. Hierüber sagt Sankt Dionysius, dass Gott für sich selbst alle Dinge sei, das heisst, dass er die Bilder aller Dinge trägt. Da trägt er sich in ein Nichts:

da sind alle Dinge Gott. Als wir nicht waren, da war Gott Hölle und Himmelreich und alle Dinge.

35. Wir wollen allen Dingen Geist sein, und alle Dinge sollen uns Geist sein im Geiste. Wir sollen alle Dinge erkennen und uns mit allen Dingen gotten.

36. So unmöglich es ist, dass Gott das Wesen verliert, das er ist, so unmöglich ist es, dass Gott sein ewiges Wort in Bildern oder in Lauten aussprechen kann.

37. Die göttlich Armen haben sich nicht allein von sich selbst befreit, sondern sie haben sich auch von Gott befreit, und sind so sehr frei von ihm, dass er keinen Platz in ihnen findet, wo er wirken könnte. Denn fände er einen Platz, worin er wirkte, so wäre der Platz eines und er ein anderes. Diese Menschen haben keinen Platz, und sie sind von aller zufälligen Form ganz und gar frei und bloss. Hier sind alle Menschen e i n Mensch und eben dieser Mensch ist Christus. Davon sagt ein Meister, dass das Erdreich dieser Menschen nie entledigt ward und nie entledigt werden wird, denn der Mensch schliesst Himmel und Erde in sich. Wäre der Mensch nicht, so wären sie auch beide nicht.

38. Alle Kreaturen jagen Gott mit ihrer Liebe, denn es ist kein Mensch so unselig, dass er aus

Bosheit sündigte; sondern er tut es um seiner Lustgier willen. Es schlägt einer einen tot; das tut er nicht, um etwas Böses zu tun, sondern es dünkt ihn, er selbst käme, solange jener lebt, nimmer in sich selbst zum Frieden; darum will er in Frieden Lust suchen, denn Friede bringt Freude. So jagt alle Kreatur Gott mit ihrer Liebe, denn Gott ist die Liebe. So begehren alle Kreaturen der Liebe. Wäre ein Stein vernünftig, er müsste Gott mit seiner Liebe jagen. Wer einen Baum fragte, warum er seine Frucht trägt, wenn er Vernunft hätte, spräche er: dass ich mich in der Frucht erneuere, das tue ich, um mich von neuem meinem Ursprung zu nähern; denn dem Ursprung nahe sein, das ist lustvoll. Gott ist der Ursprung und ist Lust und Liebe.

39. Gott ist überall in der Seele und sie ist in ihm überall; also ist Gott ein All, und sie mit ihm ein Alles in Allem.

Sprüche.

1. Meister Eckhart spricht: Wer in allen Räumen zu Hause ist, der ist Gottes würdig, und wer in allen Zeiten eins bleibt, dem ist Gott gegenwärtig, und in wem alle Kreaturen zum Schweigen gekommen sind, in dem gebiert Gott seinen eingeborenen Sohn.

2. Es spricht Meister Eckhart: Nötiger wäre ein Lebemeister als tausend Lesemeister; aber lesen und leben ohne Gott, dazu kann niemand kommen. Wollte ich einen Meister von der Schrift suchen, den suchte ich in Paris und in den hohen Schulen hoher Wissenschaft. Aber wollte ich nach vollkommenem Leben fragen, davon könnte er mir nichts sagen. Wohin sollte ich dafür gehen? Allzumal nirgends anders als in eine nackte entledigte Natur: die könnte mir kund tun, wonach ich sie in Ehrfurcht fragte. Leute, was sucht ihr an dem toten Gebein? Warum sucht ihr nicht das lebendige Heil, das euch ewiges Leben geben kann? Denn der Tote hat weder zu geben noch zu nehmen. Und sollte

ein Engel Gott ohne Gott suchen, so suchte er
ihn nirgends anders als in einer entledigten
nackten abgeschiedenen Kreatur. Alle Vollkommenheit liegt daran, dass man Armut und
Elend und Schmach und Widerwärtigkeit und
alles, was dir zustossen und dich bedrücken
kann, willig, fröhlich, frei, begierig und bereit
und unbewegt leiden kann und bis an den Tod
dabei bleiben ohne alles Warum.

3. Meister Eckhart sprach: Wem in einem
anders ist als im andern und wem Gott lieber
in einem als im andern ist, der Mensch ist gewöhnlich und noch fern und ein Kind. Aber
wem Gott gleich ist in allen Dingen, der ist zum
Mann geworden. Aber wem alle Kreaturen über-
flüssig und fremd sind, der ist zum Rechten gekommen.

Er ward auch gefragt: wenn der Mensch aus
sich selbst herausgehen wollte, ob er noch um
etwas Natürliches sorgen sollte? Da sprach er:
Gottes Bürde ist leicht und sein Joch ist sanft;
er will es nirgends als im Willen; und was dem
trägen Menschen ein Graus ist, das ist dem hin-
gerissenen eine Herzensfreude. Es ist niemand
Gottes voll als wer im Grunde tot ist.

4. Gott verhängt kein Ding über uns, womit er uns nicht zu sich lockt. Ich will Gott
niemals dafür danken, dass er mich liebt, denn

er kann es nicht lassen, seine Natur zwingt ihn dazu; ich will dafür danken, dass er es in seiner Güte nicht lassen kann, dass er mich lieben muss.

5. Meister Eckhart sprach: Ich will Gott niemals bitten, dass er sich mir hingeben soll; ich will ihn bitten, dass er mich leer und rein mache. Denn wäre ich leer und rein, so müsste Gott aus seiner eigenen Natur sich mir hingeben und in mir beschlossen sein.

6. Meister Eckhart spricht: Dass wir Gott nicht zwingen, wozu wir wollen, das liegt daran, dass uns zwei Dinge fehlen: Demut vom Grund des Herzens und kräftiges Begehren. Ich sage das bei meinem Leben, — Gott vermag in seiner göttlichen Kraft alle Dinge, aber das vermag er nicht, dass er dem Menschen, der diese zwei Dinge in sich hat, nicht Gewährung schenke. Darum gebt euch nicht mit kleinen Dingen ab, denn ihr seid nicht zu Kleinem geschaffen; denn weltliche Ehre ist nichts als eine Verwandlung und ein Irrsal der Seligkeit.

7. Meister Eckhart der Prediger sprach auch also: Es ward nie grössere Mannhaftigkeit noch Streit noch Kampf, als wenn einer sich selbst vergisst und verleugnet.

8. Bruder Eckhart predigte und sprach: Sankt Peter sprach: ich habe alle Dinge gelassen. Da sprach Sankt Jakob: wir haben alle Dinge

weggegeben. Da sprach Sankt Johannes: wir haben gar nichts mehr. Da sprach Bruder Eckhart: wann hat man alle Dinge gelassen? So man alles das lässt, was der Sinn greifen kann, und alles, was man sprechen kann, und alles, was Farbe machen kann, und alles, was man hören kann, dann erst hat man alle Dinge gelassen. Wenn man so alle Dinge lässt, so wird man von der Gottheit durchklärt und überklärt.

9. Wer werden will, was er sein sollte, der muss lassen, was er jetzt ist. Als Gott die Engel schuf, da war der erste Blick, den sie taten, dass sie des Vaters Wesen sahen und wie der Sohn aus dem Herzen des Vaters herauswuchs recht wie ein grünes Reis aus einem Baume. Diese freudenreiche Anschauung haben sie mehr als sechstausend Jahre gehabt, und wie sie ist, das wissen sie heutigen Tages nicht mehr, als damals, wie sie eben geschaffen waren. Und das kommt von der Grösse der Erkenntnis: denn je mehr man erkennt, desto weniger versteht man.

10. Und also soll ein Mensch sein Leben richten, der vollkommen werden will. Darüber spricht Meister Eckhart: Die Werke, die der Mensch von innen wirkt, sind lustvoll, sowohl dem Menschen wie Gott, und sind sanft und heissen lebendige Werke. Sie sind Gott deswegen wert,

weil er es allein ist, der die Werke in dem
Menschen wirkt, die von innen gewirkt werden.
Diese Werke sind auch dem Menschen süss und
sanft, denn alle die Werke sind dem Menschen
süss und lustvoll, wo Leib und Seele mit einander einhellig werden. Und das geschieht in
allen solchen Werken. Diese Werke heissen auch
lebendige Werke, denn das ist der Unterschied
zwischen einem toten Tier und einem lebenden
Tier, dass das tote Tier nur von einer äussern
Bewegung bewegt werden kann, das heisst: wenn
man es zieht oder trägt, und darum sind alle
seine Werke tote Werke. Aber das lebende Tier
bewegt sich selbst, wohin es will, denn seine Bewegung geht von innen aus und alle seine Werke
sind lebende Werke. Recht in gleicher Weise
heissen alle Werke der Menschen, die ihren Ursprung von innen nehmen, wo Gott allein bewegt,
und die von dem Wesen kommen, unsere Werke
und göttliche Werke und nützliche Werke. Aber
alle die Werke, die aus einer äusseren Ursache
und nicht aus dem innern Wesen geschehen, die
sind tot und sind nicht göttliche Werke und sind
nicht unsere Werke. Auch spricht Meister Eckhart, dass alle die Werke, die der Mensch von
innen wirkt, willkürliche Werke sind. Was nun
willkürlich ist, das ist angenehm, und darum sind
alle Werke, die von innen geschehen, angenehm,

und alle die Werke, die infolge äusserer Bewegung geschehen, sind unwillkürlich und sind knechtisch, denn wäre das Ding nicht, das von aussen bewegt, so geschähe das Werk nicht, und darum ist es unwillkürlich und knechtisch und unangenehm.

11. Meister Eckhart sprach, es könne kein Mensch in diesem Leben so weit kommen, dass er nicht auch äussere Werke tun solle. Denn wenn der Mensch sich dem beschaulichen Leben hingibt, so kann er vor grosser Fülle sich nicht halten, er muss ausgiessen und muss im wirkenden Leben tätig sein. Gerade wie ein Mensch, der gar nichts hat, der kann wohl mild sein, denn er gibt mit dem Willen; jedoch, wenn ein Mensch grossen Reichtum hat und nichts gibt, der kann nicht mild heissen. Und ebenso kann kein Mensch eine Tugend haben, der sich nicht dieser Tugend hingibt, wenn es Zeit und Raum erlaubt. Und darum sind alle die, die sich dem beschaulichen Leben hingeben und nicht äusseren Werken und sich ganz und gar von äusserem Werk abschliessen, im Irrtum und nicht auf dem rechten Weg. Da sage ich, der Mensch, der im beschaulichen Leben ist, kann wohl und soll sich von allen äussern Werken freimachen, solange er im Schauen ist; aber hernach soll er sich äussern Werken widmen, denn niemand kann sich

allezeit und fortwährend dem beschaulichen Leben hingeben, und das wirkende Leben wird ein Aufenthalt des schauenden Lebens.

12. Meister Eckhart und auch andere Meister sagen, dass zwei Dinge in Gott sind: Wesen und Wahrnehmen, das da relatio heisst. Nun sagen die Meister, dass des Vaters Wesen den Sohn nicht in der Gottheit gebiert, denn nach seinem Wesen sieht der Vater nichts anderes als in sein blosses Wesen und schaut sich selber darinnen mit all seiner Kraft, und da schaut er sich bloss ohne den Sohn und ohne den heiligen Geist und sieht da nichts als Einheit seines nämlichen Wesen. Wenn aber der Vater ein Anschauen und ein Wahrnehmen seiner selbst in einer andern Person haben will, so ist des Vaters Wesen in dem Wahrnehmen den Sohn gebärend, und weil er sich selbst in dem Wahrnehmen so wohlgefällt und ihm das Anschauen so lustvoll ist, und weil er alle Lust ewig gehabt hat, darum muss er dieses Wahrnehmen ewig gehabt haben. Darum also ist der Sohn ewig wie der Vater, und aus dem Wohlgefallen und der Liebe, die Vater und Sohn miteinander haben, hat der heilige Geist seinen Ursprung, und weil diese Liebe zwischen Vater und Sohn ewig gewesen ist, darum ist der heilige Geist ebenso ewig wie der Vater und der Sohn, und

die drei Personen haben nur e i n Wesen und
sind allein an den Personen unterschieden.

13. Meister Eckhart spricht, Gott ist nicht
allein ein Vater aller Dinge, er ist vielmehr auch
eine Mutter aller Dinge. Denn er ist darum ein
Vater, weil er eine Ursache und ein Schöpfer
aller Dinge ist. Er ist aber auch eine Mutter
aller Dinge, denn wenn die Kreatur von ihm ihr
Wesen nimmt, so bleibt er bei der Kreatur und
erhält sie in ihrem Wesen. Denn bliebe Gott
nicht bei und in der Kreatur, wenn sie in ihr
Wesen kommt, so müsste sie notwendig bald
von ihrem Wesen abfallen. Denn was aus Gott
fällt, das fällt von seinem Wesen in eine Nichtheit. Es ist mit andern Ursachen nicht so, denn
die gehen wohl von ihren verursachten Dingen
weg, wenn diese in ihr Wesen kommen. Wenn
das Haus in sein Wesen kommt, so geht der
Zimmermann hinaus, und zwar darum, weil der
Zimmermann nicht ganz und gar die Ursache
des Hauses ist, sondern er nimmt die Materie
von der Natur; Gott dagegen gibt der Kreatur
ganz und gar alles, was sie ist, sowohl Form
wie Materie, und darum muss er dabei bleiben,
weil sonst die Kreatur bald von ihrem Wesen
abfallen würde.

14. Es spricht Johann Chrysostomus: Dass
Gott in allen Kreaturen sei, das wissen wir und

15

sagen es, aber wie und welcher Weise, das können wir nicht begreifen. Doch Meister Eckhart spricht, dass uns dies ganz klar sein kann, wenn wir für das Wort Gott das Wort Wesen setzen. Nun sehen und merken wir alle wohl, dass in allen Dingen Wesen ist. Wenn also Gott das eigentliche Wesen ist, so muss darum notwendigerweise Gott in allen Dingen sein.

15. Meister Eckhart sprach: Wie kommt der, der unwandelbar ist, und wie kommt der, der an allen Orten ist? Zu wem kommt der, der in allen Herzen ist? Hierauf antworte ich: er kommt nicht so, dass er irgend etwas werde oder für sich selbst irgend etwas erreiche, sondern er kommt gestaltend, er kommt der da verborgen war und offenbart sich selbst, er kommt als ein Licht, das da in den Herzen der Leute verborgen war und in ihrer Vernunft, so dass es jetzt geformt werde mit der Vernunft und in der Begierde und in dem Allerinnersten des Bewusstseins. Nun ist er dergestalt in der Innerlichkeit, dass da nichts ohne ihn ist, und so kann da auch nichts mit ihm sein, sondern er ist alles was da ist, allein. Daher kommt er so, wenn er sich dergestalt in der Vernunft und in der Begierde erzeugt, dass da nichts ohne ihn und nichts mit ihm ist, sondern die Vernunft und die Begierde sind seiner ganz voll, und wer

es derart merkt: nichts ohne ihn, nichts mit ihm, sondern völlig eine Stätte Gottes, der weiss selber nicht, dass er für Gott eine Stätte ist, wie David spricht: „Herr, das Licht deines Antlitzes ist ein Zeichen über uns," gerade als ob er sagte: du sollst schweigen und trauern und seufzen und von der Vernunft Mittel empfangen und sie lauter in deine Begierde verwandeln, auf dass du seine göttliche Heimlichkeit empfindest. Rede mit ihm wie einer mit seinen Mitmenschen redet, und so wie du, wenn du mit Gott sprichst, „Ich" sagst, und wenn du von Gott sprichst, „Er", so sage zu Gott: „Du." Du sollst alle Dinge vergessen und sollst allein Gott wissen und sollst sprechen: „du bist mein Gott, denn du bist allein inwendig, du bist allein alle Dinge." Keine Kreatur ist Gottes empfänglich, als die nach Gottes Bild geschaffen ist, also der Engel und des Menschen Seele: die sind Gottes empfänglich, dass er in ihnen und sie in ihm seien. Andern Kreaturen ist Gott wesenhaft, sie haben ihn nicht begriffen, sondern sie können nur ohne ihn nicht Wesen haben. So steht es auch mit Gottes Gegenwart: nicht sie sehen Gott, sondern Gott sieht sie in ihrem Allerinnersten; und auch mit seiner Macht: nicht vermag er nichts ohne sie, sondern wir vermögen nichts ohne ihn. Darum aber, weil Gott in der Seele wie in sich

15*

selber ist, heisst die Seele eine Stätte und auch eine Stätte des Friedens, denn wo Gott ist wie in sich selbst, da ist Himmelreich und Friede ohne Betrübnis, fröhlich und freudenvoll. Eine selige Seele ruht in Gott ebenso und noch besser als in ihrem Eigentum.

Der Mensch, der völlig und rein aus sich selber herausgegangen wäre, der fände ganz und gar Gott in Gott und Gott mit Gott. Der wirkt als Gleicher: denn alles was er ist, das ist er Gott, und alles was er Gott ist, das ist er sich, denn Gott ist zugleich in Etwas, und ist zugleich das Etwas, und das Etwas ist zugleich in Gott und ist zugleich Gott, denn sie sind so ganz eins, dass das eine ohne das andere nicht sein kann.

16. Meister Eckhart sprach, dass wir in dem Wesen der Seele Gott gut sehen und erkennen können. Denn je näher ein Mensch in diesem Leben mit seiner Erkenntnis dem Wesen der Seele kommt, um so näher ist er der Erkenntnis Gottes. Und das geschieht allein dadurch, dass wir die Kreatur ablegen und aus uns selbst herausgehen. Du sollst wissen, obschon ich die Kreatur in Gott liebe, so kann ich doch Gott niemals in der Kreatur so rein lieben wie in mir. Du sollst aus dir selbst gehen und dann wieder in dich selbst: da liegt und wohnt die Wahrheit, die

niemand findet, der sie in äussern Dingen sucht. Als Maria Magdalena sich aller Kreatur entschlug und in ihr Herz hineinging, da fand sie unsern Herrn. Gott ist rein und klar: darum kann ich Gott nirgends finden als in einem Reinen. Das Innerste meiner Seele aber ist klarer und reiner als jede Kreatur; darum finde ich Gott am allersichersten in meinem Innersten.

17. Dass Gott in Ruhe ist, das bringt alle Dinge zum Laufen. Etwas ist so lustvoll, das bringt alle Dinge zum Laufen, dass sie zurück- kommen in das, von dem sie gekommen sind, und das doch unbeweglich in sich selber bleibt, und auf je höherer Stufe ein Ding ist, um so lust- voller läuft es.

18. Gott kann ebensowenig Gleichnisse leiden, als er leiden kann, dass er nicht Gott ist. Gleich- nis ist das, was nicht an Gott ist. In der Gott- heit und in der Ewigkeit ist Einssein, aber Gleich- heit ist nicht Einssein. Bin ich eins, so bin ich nicht gleich. Gleichheit ist nicht die Form des Wesens in der Einheit, dieses gibt mir Einssein in der Einheit, nicht Gleichsein.

19. Was kann süsser sein als einen Freund haben, mit dem du alles, was in deinem Herzen ist, besprechen kannst wie mit dir selbst? Das ist wahr.

20. Was ist Gottes Sprechen? Der Vater
sieht auf sich selbst in einer einfachen Erkenntnis und sieht in die einfache Reinheit seines
Wesens, da sieht er alle Kreaturen gebildet. Da
spricht er sich selbst, das Wort ist klares Verstehen, und das ist der Sohn.

21. Wenn man Mensch sagt, so versteht
man darunter eine Person; wenn man Menschtum sagt, so meint man die Natur aller Menschen.
Die Meister fragen, was Natur ist. Sie ist ein
Ding, das Wesen empfangen kann. Darum
einigte Gott das Menschtum mit sich, nicht den
Menschen. Ich sage: Christus war der erste
Mensch. Wieso? Das erste in der Meinung ist
das letzte am Werk, wie ein Dach das letzte
am Hause ist.

22. Das oberste Antlitz der Seele hat zwei
Werke. Mit dem einen versteht sie Gott und
seine Güte und was aus ihm fliesst. Daher liebt
sie Gott heute und versteht ihn, und morgen
nicht. Darum liegt das Bild nicht in den Kräften
infolge ihrer unstäten Art. Das andere Werk
ist in dem obersten Antlitz, das ist verborgen.
In der Verborgenheit liegt das Bild. Fünf Dinge
hat das Bild an sich. Erstens, es ist nach einem
andern gebildet. Zweitens, es ist in sich selbst
geordnet. Drittens, es ist ausgeflossen. Viertens,
es ist sich gleich von Natur, nicht dass es gött-

licher Natur wäre, aber es ist eine Substanz, die in sich selbst besteht, es ist ein reines aus Gott geflossenes Licht, wo nicht mehr Unterschiedenes ist, als dass es Gott versteht. Fünftens, es ist auf das Bild geneigt, von dem es gekommen ist. Zwei Dinge zieren das Bild. Das eine: es ist nach ihm gefärbt. Das zweite: es hat etwas Ewigkeit in sich. Die Seele hat drei Kräfte in sich. In diesen liegt das Bild nicht. Aber sie hat eine Kraft, das ist der wirkende Verstand. Nun sagt Augustin und der neue Meister, dass darin zugleich liege Gedächtnis und Verstand und Wille, und diese drei haben nichts Unterschiedenes. Das ist das verborgene Bild, das löst sich aus dem göttlichen Wesen, und das göttliche Wesen scheint unmittelbar in das Bild. Gottes Wille ist, dass wir heilig sein sollen und die Werke tun, mit denen wir heilig werden. Heiligkeit beruht auf der Vernünftigkeit und dem Willen. Die besten Meister sagen: Heiligkeit liegt im Grunde im Höchsten der Seele, wo die Seele in ihrem Grunde ist, wo sie allen Namen und ihren eigenen Kräften entwächst. Denn die Kräfte sind auch ein nach aussen Gefallenes. Wie man Gott keinen Namen geben kann, so kann man auch der Seele in ihrer Natur keinen Namen geben. Und wo diese zwei eins werden, da ist die Heiligkeit.

Wesen steht auf so hoher Stufe, dass es allen Dingen Wesen giebt. Wäre kein Wesen, so wäre ein Engel dasselbe was ein Stein.

23. Ein hoher Lesemeister erzählte in einer Predigt in einer hohen Versammlung diese Geschichte: Es war einmal ein Mann, von dem liest man in den Schriften der Heiligen, der begehrte wohl acht Jahre, Gott möge ihm einen Menschen zeigen, der ihm den Weg zur Wahrheit weisen könnte. Und als er in einem starken Begehren war, da kam eine Stimme von Gott und sprach zu ihm: „Geh vor die Kirche, da findest du einen Menschen, der dir den Weg zur Wahrheit weisen soll." Und er ging und fand einen armen Mann, dem waren seine Füsse aufgerissen und voll Kot und alle seine Kleider waren kaum drei Pfennig wert. Er grüsste ihn und sprach: „Gott gebe dir einen guten Morgen" und jener erwiderte: „Ich hatte nie einen bösen Morgen!" Er sprach: „Gott gebe dir Glück! wie antwortest du mir so?" Und er erwiderte: „Ich hatte nie Unglück." Er sprach wieder: „Bei deiner Seligkeit! wie antwortest du mir so?" Er erwiderte: „Ich war nie unselig." Da sprach er: „Gebe dir Gott Heil! Kläre mich auf, denn ich kann es nicht verstehn." Er erwiderte: „Das will ich tun. Du sprachst zu mir, Gott möge mir einen guten Morgen geben, da

sagte ich: ich hatte nie einen bösen Morgen.
Hungert mich, so lobe ich Gott; bin ich elend
und in Schande, so lobe ich Gott: und daher
hatte ich nie einen bösen Morgen. Als du
sprachst, Gott möge mir Glück geben, sagte ich,
ich hatte nie Unglück. Denn was mir Gott gab
oder über mich verhängte, es sei Freude oder
Leid, sauer oder süss, das nahm ich alles von
Gott für das Beste: deshalb hatte ich nie Unglück. Du sprachst, bei meiner Seligkeit, da
sagte ich: ich war nie unselig, denn ich habe
meinen Willen so gänzlich in Gottes Willen gegeben: was Gott will, das will auch ich, darum
war ich nie unselig, denn ich wollte allein Gottes
Willen." „Ach, lieber Mensch, wenn dich nun
Gott in die Hölle werfen wollte, was wolltest du
dazu sagen?" Da sprach er: „Mich in die Hölle
werfen? Das wollt' ich sehen! Und auch dann,
würfe er mich in die Hölle, so habe ich zwei
Arme, mit denen umfasste ich ihn. Der eine
ist wahre Demut, den legte ich um ihn und umfasste ihn mit dem Arm der Liebe." Und dann
sprach er: „Ich will lieber in der Hölle sein
und Gott haben, als im Himmelreich und Gott
nicht haben."

24. Meister Eckharten begegnete ein schöner,
nackender Bube. Da fragte er ihn, woher er
käme. Er sprach: Ich komme von Gott. — Wo

verliessest du ihn? — In tugendhaften Herzen.
— Wohin willst du? — Zu Gott. — Wo fin-
dest du ihn? — Wo ich alle Kreaturen verliess.
— Wer bist du? — Ein König. — Wo ist dein
Königreich? — In meinem Herzen. — Hüte dich,
dass es niemand mit dir teile. — Das tu ich.
— Da führte er ihn in seine Zelle und sprach:
Nimm, welchen Rock du willst. — Dann wäre
ich kein König, — und verschwand. Es war
Gott selbst gewesen, der mit ihm einen Spass
gemacht hatte.

Bemerkungen.

[. . .] Eckige Klammer bedeutet, dass ich die Stelle der Vorsicht oder dem Missverstehen eines Schreibers zuzuschreiben geneigt bin — wiewohl auch E. selbst nicht weniger klug war als andere tapfere Menschen.

S. 14. „Mittel, Wesen, Werk." Diese und manche andere Worte — „rein " (lûter) vor allem, das absolut oder abstrakt bedeutet — sind feste technische Ausdrücke, meist Uebersetzungen aus dem Lateinischen. Es wäre, aber falsch gewesen, unsere abgeglätteten Ausdrücke dafür zu setzen; es muss dem Leser bewusst bleiben, dass die Zeit E.'s jung war; dass es sich um eine improvisierte Sprache handelt; um Worte, die erst errungen und erbildet sind.

S. 15. „Niemand rührt an den Grund der Seele als Gott allein." Ich weiss wohl, dass wir in all diese Worte andere Nuancen legen; dafür gehen uns tausend Feinheiten aus der Situation E.'s verloren. Uebrigens empfiehlt es sich dringend, aus dem Poetischen und Gesteigerten immer

den nüchternen Sinn auszuschälen. Man soll
nicht übersehen, dass E., wenn er sagt: das Bild
der Kreatur habe in den Kräften der Seele Her-
berge empfangen, damit kaum anderes sagen will
als: die Vorstellung des Objekts sei mit Hülfe
der Sinnesorgane appercipiert worden.

S. 17. „und in keiner andern." Man beachte,
wie E. diese und immer wieder solche Bemerkungen unterstreicht. Es steckt für uns ko-
lossal viel Ketzerei hinter dieser symbolischen
Deutung von der Geburt des Gottessohnes. Was
uns aber Ketzerei ist, erklärt uns vielmehr allein
die Macht des Christentums über den tiefen,
reichen Geist des Mittelalters. Man nahm nicht
nur das Hohelied symbolisch, sondern auch die
Erzählungen vom Leben und Sterben des Hei-
lands. Christen gibt es nur, solange der symbolische Gehalt der Ueberlieferung so über-
wältigend wirkt, dass die Frage nach der historischen Tatsächlichkeit gar nicht aufkommt. Den
Russen (Dostojewskij, Tolstoj) geht es heute noch
so, nur dass ihnen nur an ethischen Symbolen,
gar nicht an erkenntnistheoretischen gelegen ist.
In Westeuropa aber hörte das Christentum in
dem Augenblick auf, wo man sich zwingen wollte,
an die Mythen als an lebenentscheidende Tat-
sachen zu glauben, weil man zur Umdeutung der
Symbole nicht mehr stark genug war. Diese

Art Glaube: in der Vergangenheit, an einem be-
stimmten Ort, sei ein für allemal Heil wider-
fahren, ist nur noch armseliger Erdenrest einer
gestorbenen Religion; der gestaltende Geist hat
sich verflüchtigt. Seitdem sind für unsere Ortho-
doxie alle echten Christen heillose Ketzer.

S. 20. „übergöttischen" — mhd. „übergotten."
Lasson schlägt vor, „überguoten" zu lesen; völlig
grund- und sinnlos. Ueberhaupt — Lassons Kon-
jekturen — — —

S. 21. „unerkannte Erkenntnis"; schon vorher „Unwissen": man ist sehr versucht, an
solchen Stellen „unbewusst" und „Unbewusst-
heit" zu setzen. Aber man muss E. tiefer nehmen
als Hartmann.

S. 21. „alles Gute" u. dgl. an andern Stellen:
möglichst unethisch, amoralisch zu verstehen; bei
E. oft und oft zu beachten.

S. 26. „seelischer Zweck." Seliges Ende, wie
der Leser des Mhd. aufzufassen geneigt ist, wäre
Moralgefasel, das man erst bei späteren „Mysti-
kern", aber nicht bei E. suchen darf.

S. 26. „Werk." Die Stelle wird am besten
verstanden, wenn man Werk mit „Organ" über-
setzt.

S. 29. „Ueberform." An solchen Stellen
ist es schwer zu entscheiden, ob der Ausdruck
ein starker und kühner, oder ein geläufiger und

matter ist. Jedenfalls ist „überformet" im Anschluss an das lateinische „transformare" ent-
standen; vielleicht also klang es E.'s Zeitgenossen
so glatt und unauffällig und anschauungslos wie
uns das Wort „umgestaltet". Wahrscheinlich ist
das aber doch nicht, denn E. wird nicht umsonst
die undichterische, bildlose — obwohl immer noch
lebendige — lateinische Sprache nicht mehr er-
tragen haben. Jedenfalls habe ich in solchen
zweifelhaften Fällen die seltene Ausdrucksweise
vorgezogen, zumal der Sinn ja betrüblicherweise
gar sehr derselbe bleibt: auch wenn sich die
Sprache übergipfelt und auf den Kopf stellt, ist
die „Ueberform" nichts anderes als eine unbekannte und nicht weiter zu beschreibende Ver-
änderung.

S. 30. „Empfangen." Wer das mhd. „lîden"
mit „leiden" wiedergeben wollte, trüge in E. eine
Sorte Mysticismus hinein, die in diesen Zusammen-
hängen ganz fern von ihm war. Es bedeutet
lediglich Passivität, wobei E. mehr an ein er-
freuliches Beschenktwerden als an Schmerz erleiden denkt. Es berührt sich meist mit dem Sinn
des Wortes „vernehmen" (Vernunft!), das E. lieber
anwendet als unser „wahrnehmen". Diese seine
Freude an der passiven Vernehmung im Gegensatz zur aktiven Wahrnehmung hängt damit zusammen, dass ihn das Hören, dessen Eindrücke

mehr seelischer Art sind, das die Aussenwelt in subjektive Gefühle verwandelt, wertvoller dünkte als das materialisierende Sehen, das die Aussenwelt, die Bilder und Kreaturen, herstellt und von uns trennt. Um deswillen ist das „Leiden" die Vereinigung von Ich und Welt, von Seele und Gott, aber nicht, wie schon E.'s nächster und begabtester Jünger, Seuse, in seinen dichterischen Schriften und Bekenntnissen vertrat, um des Schmerzes willen. Immerhin schwingt freilich schon bei E. diese Nuance des Leidens manchmal etwas mit. Keine Zeit kann aus ihrer Sprache heraus; und so ist es möglich, dass die Askese des Mittelalters zu grossem Teil auf diese Doppelbedeutung des theologisch-psychologischen Begriffs lîden (pati), in Verbindung natürlich mit der „Passion" Jesu Christi, zurückgeht. Das schmerzliche Leiden war ein beglückendes Empfangen; wer still hielt, wurde beschenkt; es war also nützlich zu leiden. — Zu derselben Stelle des Textes und zu vielen andern sei noch bemerkt: „Liebe" und „lieben" hat bei E. fast immer die Nebenbedeutung, oft vorwiegend die Bedeutung: „Wille" und „wollen". Wo er von „Liebe" und „Erkenntnis" spricht, meint er „Wille und Vorstellung".

S. 39. „Buch der Geheimnisse" — Apokalypse.

S. 48. Fast allen Predigten E.'s ist ein Vulgata-Text vorgesetzt, der in dieser Ausgabe meist wegfiel.

S. 68. „Einer unserer ältesten Meister": Kratylos.

S. 72. „eine Mücke." Der Begriff des Unendlichen fehlt E. vollständig, fürs Kleine wie fürs Grosse; für letzteres sagt er etwa: „so weit du zählen kannst." — Dass ihm die Correlatbegriffe „positiv" und „negativ" fehlen, wird der Leser aus der Rede vom „Nichtwissen" entnommen haben, man erinnere sich der mühsamen und eben darum wundervollen Anstrengung, das mystische (positive) Nichtwissen vom gemeinen zu unterscheiden.

S. 73. „Er gebiert seinen Sohn." Dazu und zu manchen anderen Stellen: die mythenbildende Kraft war damals noch nicht gestorben. Das Christentum lebte, weil es noch nicht fertig war; weil es die Form war, in der die junge, ringende Wissenschaft sich äusserte. Es ist oft auch in E.'s Bewusstsein nicht zu unterscheiden, was Symbolik ist, und was er naiv glaubt, obwohl er es im Moment erfindet (schaut). Alles Erfinden und Auffinden ist bei beginnenden Menschen ein Schauen und eine Offenbarung; alle geniale Betätigung ein Versinken in Gott. Ich empfehle dem Leser, sich das Wort „Mystik" ab und zu

mit „Genialität" zu übersetzen, dabei aber zu er-
wägen, dass er damit das Unbekannte durch etwas
keineswegs Bekanntes ersetzt.

S. 119 ff. Die Predigt „Von der Erneuerung
des Geistes" enthält viel ungeniessbare Scholastik, aber dazwischen tiefste Weisheit. Das ist
oft so bei E., die Fragmente sind fast alle aus
bergehohem Wortschutt ausgegraben; ein Zeichen,
dass das, was uns Asche und tot ist, seinerzeit ein
notwendiges Denkelement war. Das Scho-
lastische in dieser Predigt — und auch sonst
manchmal; wäre dadurch nicht das dichterisch
Grosse verloren gegangen, hätte ich daran gedacht, alles Ueberlieferte in Aphorismen aufzu-
lösen — nehme der Leser als Beispiel für das
Viele, das in dieser Ausgabe weggelassen ist. In
diesem geringen Masse muss das geistige Milieu
E.'s den Lesern vertraut werden. Denn ohne
gründliche Kenntnis der Scholastik ist E. historisch nicht einzuschätzen; er wurzelt völlig darin.
Man darf nicht übersehen, dass er aus einer völlig
andern Sprache (Weltanschauung) heraus zu Re-
sultaten kam, die sich mit unsern kühnsten Phan-
tasien wie mit unsrer abgründlichsten Skepsis so
nah berühren. Beachtete man nur das Sprachliche,
das bewusst Gewordene, so müsste man sagen,
er sei aus lauter Irrtümern und falschen Prä-
missen zu dem gekommen, was wir fast Wahrheit

nennen möchten. So geht es immer, und uns nicht besser.

E. war also scholastischer Realist, ein Anhänger der Ideenlehre Platons, den er den „grossen Pfaffen" nennt. Die Ideen nennt er „vorhergehende Bilder", versteht aber darunter kaum etwas anderes als was wir mit Zuhülfenahme des Begriffs der Vererbung „Art" oder „Gattung" nennen, die ja wirklich das sind, was den konkreten Individuen vorhergeht, zu Grunde liegt. Die „vorhergehenden Bilder" sind in Gott, und „daher gebiert der Mensch einen Menschen, der Löwe einen Löwen, der Falke einen Falken." „Die Rose wächst aus einer Rose, nicht aus einem Kohlkopf." Von seinem grossen Meister Thomas zitiert er das Wort: „Die vorhergehenden Bilder sind ein Ursprung oder Anfang der Schöpfungen aller Kreaturen." Damit soll aber nicht die Konstanz der Arten im Gegensatz zur Variabilität behauptet werden; diese Frage war noch kaum geboren — obwohl E. in der Predigt „Von der Natur" auch daran rührt —; sondern es wird der Zusammenhang aller Individualorganismen in einer höheren verborgenen Einheit betont — wir nennen's Vererbung, statt Anfang oder Ursprung sagen wir Prinzip, tun aber mit dieser unsinnig-unsinnlichen Sprechweise bedeutend weniger zur Formulierung des Rätsels, als die Realisten des

Mittelalters getan haben. E. hätte sich gewiss —
sehr anders als unsre Darwinisten — mehr über
die Vererbung als über die Anpassung gewun-
dert. Ihn erstaunte nicht, dass die Grasspinnen
so ungleich, sondern dass sie so gleich seien.

Ich bemerke hier, dass sich in dem, was in
diese Ausgabe nicht aufgenommen ist, viel Be-
zeichnendes für die Naturanschauung E.'s und
seiner Zeit findet, wie auch sonst manches kul-
turhistorisch Interessante. Aber dies Buch ver-
folgt durchaus keine historischen Ziele; wer Geschichte erforschen will, muss sich ja jeden Falles
an das Original halten. Ebensowenig geht dieser
hier herausgebrachte Meister Eckhart auf Erbau-
ung oder Ethik; sonst hätte ich z. B. die in ihrer
Art trefflichen Reden in collationibus nicht weg-
lassen dürfen. Aber mein Ziel ist lediglich: der
lebendige Eckhart. Er wirke in diesem Bande
durch seine eindringende Skepsis, durch sein
Ringen um die Welterkenntnis und Selbsterkenntnis, durch seine dichterische Gewalt, seine könig-
liche Sprache und sein grundgütiges lebensfreu-
diges Wesen. Alles andere geht nur die Gelehr-
ten an.

Eine einzige Stelle bleibt mir noch ausser dem
Zusammenhang anzuführen. Sie möge hier stehen,
da die Predigt, aus der sie stammt, die Uebertragung nicht lohnt, und da sie auch für die Frag-

16*

mente zu abgerissen wäre. Mitten in der schauder-
haftesten Wortklauberei findet sich der Satz: „Und
also bedeutet das Wort „Ich" die Istigkeit göttlicher Wahrheit, und es ist ein Beweis dafür,
dass etwas ist." Eckhart sagt also, feiner als des
Cartesius Cogito ergo sum: Cogito, ergo est ali-
quid.

S. 127. „Es hat jedes das, mit dem es eins ist."
Wir sagen spezifische Sinnesenergie, und wissen
auch nicht viel mehr.

S. 144. „Vom persönlichen Wesen." Diese
Predigt ist uns nur in einem späten und verderbten
Text überliefert. Ich habe versucht, den Sinn
einigermassen zu rekonstruieren; man wird aber
gut tun, sich an das zweifellos Echte zu halten,
also nicht an das Syntaktische, sondern an die
Terminologie.

S. 196. „so hat sie die Seele doch sprachlich
mit Unterscheidung." Sprachlich — im Original
steht „redelich". Es lässt sich hier wie an manchen andern Stellen nicht entscheiden, ob die
Nuance „Sprache" oder die Nuance „Vernunft"
vorwiegt. In „redelicheit" ist die Nuance „Sprache"
fast verloren gegangen, es bedeutet „Vernünftigkeit." Wie auch immer — der Mittelhoch-
deutsche dachte an die Rede, wenn er von der
Vernunft sprach, dagegen gar nicht an das, was

wir heute „Redlichkeit" nennen. Indessen ist hier
die Bedeutung „sprachlich" die wahrscheinlichere,
weil kurz vorher von der „Sprache der Sprechen-
den" (rede der redenden) die Rede war.

S. 230. „Das erste in der Meinung ist das letzte
im Werk." Dieser Satz findet sich häufig bei
E.; er ist seine in ihrer Knappheit vorzügliche
Definition des Z w e c k s. Was zuletzt in die Erscheinung tritt, muss von Anfang an dagewesen
sein — als vorhergehendes Bild oder Idee. Nicht
das Erworbene im Individuum ist das Göttliche,
sondern das Menschtum, das ewige Erbteil. Unsere
eben erst sich regende Neoteleologie, die als
Widerspruch oder zur Ergänzung der Kausalitäts-
hypothese auftritt, wird sich ruhig bei den Realisten des Mittelalters umsehen dürfen. Der alte
Mann mit dem weissen Bart ist so gründlich tot,
dass man wirklich daran gehen darf, den durchaus nötigen Begriff „Zweck" neu zu deuten, ohne
zu fürchten, der Tote könne dadurch wieder be-
lebt werden. — Bei E. ist das, was allen gemein
ist, nicht das Gemeine, wie wir es jetzt verstehen,
auch nicht das Allgemeine und Philisterhafte, sondern das Erlesene, Besondere, Urindividuelle. Er
war eben ein „Realist" andern Stils als unsere
Realitätenkrämer; die „Natur aller Menschen"
ging ihm in die ewige Vergangenheit hinab, die
ihre Zwecke in die Gegenwart wirkt. Näheres über

diese Zusammenhänge in meiner Schrift: „Skepsis und Mystik", die von F. Mauthners Kritik der Sprache ausgeht und immer wieder zu Eckhart zurückkehrt.

Das ist der Meister Eckhart,
der auf ein Haar verbrennet ward.
Buch, geh nun aus in seinem Namen.
Und meide dumpfe Geister.
                                    Amen.

Verlag von KARL SCHNABEL
(Axel Junckers Buchhandlung), Berlin W. 9.

MEISTER ECKHARTS
MYSTISCHE SCHRIFTEN

IN UNSERE SPRACHE ÜBERTRAGEN
VON GUSTAV LANDAUER

bilden den ersten Band einer Sammlung, deren
Ziele durch ihren gemeinsamen Titel

VERSCHOLLENE MEISTER
DER LITERATUR

bezeichnet werden. Es handelt sich nicht in erster
Linie um solche Meister, die im Lauf der Zeiten
völlig unbekannt geblieben sind; auch unser Meister
Eckhart ist ja im letzten Jahrhundert oft bei Namen
genannt und oft durch immer dieselben kümmer-

lichen Zitate gerufen worden. Aber derer gibt
es eine stattlich grosse Zahl, deren geistige Höhe
und sprachliche Kraft über die verschiedenen
Moden der Jahrhunderte mit Ewigkeitswert empor-
steigt, und die doch immer wieder für ein grösseres
Publikum unter dem Schutt der Alltagserscheinungen
untertauchen müssen. Sie wollen wir, einen nach
dem andern, wieder hervorziehen, und dass unsere
Ausgaben für das geniessende Publikum bestimmt
sind, dass sie in besten und gehobensten Stunden
gelesen werden sollen — wie man Goethe oder
Shakespeare, Schopenhauer oder Nietzsche lesen
sollte — das wird schon die äussere Erscheinung
unserer Bücher kund tun.

Dabei beschränken wir uns gar nicht auf ein
bestimmtes, eingeengtes Gebiet der literarischen
Kultur. Der Meister Eckhart bedeutet ein Pro-
gramm nur durch seine Genialität, nicht durch
die besondere Richtung seines Wesens, oder
wenigstens nur insofern, als die Mystiker und
sonst allerlei Ketzer, Sektierer und Heilige — das
Wort in seinem irdisch schönen Sinn genommen —
ganz besonders zu denen gehören, deren Einfluss
auf unsere Zeit, deren Kenntnis wieder erweckt
werden muss. Aber wir werden auch sonst des
Erlesenen und Vergessenen genug zu bringen
haben: Dichter und Weise, Pamphletisten
und Politiker, Stille und Heilige, Kämpfer
und Eremiten aus allen Völkern und allen
Zeiten, aus Okzident und Orient. Wir möchten
dazu beitragen, das deutsche Volk endlich über
den engen, schulmeisterlichen Begriff der „Klassiker"

hinwegzubringen, worunter ja eigentlich wirklich die Autoren verstanden werden, die in Schulen gelesen werden dürfen. Gar viel aber gibt es, was noch nicht in Schulen gedrungen ist und über den Horizont der Halbwüchsigen hinausgeht: all das, was bisher unter dem, was die Halbbildung anerkannte, was die Pedanterie geaicht hat, was die Prüderie um sich gehüllt hat, verschüttet worden war, all das soll in unserer Sammlung wieder zu Erwachsenen, Reifen, zu Sehnsüchtigen und Wiedergeborenen sprechen dürfen. Im übrigen soll unser erster Band versprechen, was die folgenden halten werden. Dass die Mystischen Schriften Meister Eckharts, deren mittelhochdeutscher Text seit 60 Jahren in der Gesamtausgabe Franz Pfeiffers vorliegt, hier ihre erste Ausgabe in unserer Sprache finden, muss alle die erstaunen, die durch die Zitate bei Schopenhauer und vielen anderen die Bedeutung des Mannes ahnen, das Original aber nicht kennen. Wer das nämlich zu lesen versucht hat, wird sich weniger wundern. Bei Meister Eckhart genügt es nicht, ein guter Uebersetzer zu sein, man muss für den Sinn dessen, was Eckhart uns zu sagen hat, ein Entdecker sein und man muss für die oft nötige sprachschöpferische Tätigkeit ein Erfinder neuer Worte und neuen Satzbaues sein. Man muss vor allen Dingen aus einer ganz neuen Sprechweise heraus, mit ganz anderer Symbolik, von einer ganz anderen Kenntnis der Natur her schon zu ganz ähnlichen Ahnungen und Gestaltungen über das Verhältnis von Welt und Seele gelangt sein, um unter der christlichen Einkleidung den philosophischen Kern der Lehren Eckharts zu finden; man könnte auch sagen: um aus unserem Konventionschristentum, unseren Geschichtsdogmen und unserem Glauben an Anekdoten zu dem seelenhaften, ganz symbolischen Christentum Meister Eckharts zurückzufinden. Wer Meister Eckhart so erfasst hat, der weiss, dass er uns schliesslich über so vulgäre Dinge wie Konfessionalismus oder Atheismus weit hinausführt.

Gegensätze dieser ordinären Art gibt es in dem Reiche nicht mehr, in dem Johann Eckhart gelebt hat, so lange er ein glühend Lebendiger war, und noch immer lebt und so lange zum mindesten wie die deutsche Sprache, zu deren grössten Meistern er immer gehören wird.

Gustav Landauer nun, der diese Ausgabe unternommen, nachdem er sich viele Jahre mit Eckhart beschäftigt hat, glaubt, aus einer gewissen Verwandtschaft seines Wesens heraus den Schlüssel zu Eckharts Geheimnissen gefunden zu haben. In dem innigen Glauben an diese geistig-seelische Nähe ist er freudig ans Werk gegangen; und da es ihm gelungen ist, Eckhart zu verstehen und sprachlich und begrifflich neu zu gestalten, war er auch in der Lage, aus den überlieferten Schriften des Meisters auszuscheiden, was Eckharts Eigentliches war und was hinwiederum nur das kirchlich-scholastische Milieu war, aus dem heraus Eckhart sein Eigenes hervorholen musste. Die Reste solchen Milieus nämlich hat kein Schriftsteller hinter sich gelassen; alle haben sie vielmehr — stets ohne sich selbst davon bewusst unterschieden zu haben — getreulich in ihren Werken aufgestapelt. Wer nun Eckhart neu herausgeben wollte, ohne diesen scholastischen Schutt, aus dem der Meister sich in die Ewigkeit herausbäumte, vorher gründlich zu entfernen, der hätte ein unnützes Werk getan, denn Eckhart wäre geblieben, was er zuvor schon war: mittelhochdeutsch, ungeniessbar und unverständlich.

In unserer Ausgabe ist all das, was nicht von Eckharts Grösse kommt, sondern von seinem Zeitgeist, weggelassen. Diese Weglassung ist vielleicht das grösste Verdienst dieser Ausgabe, freilich aber konnte nur der sie sich herausnehmen, der Eckhart ganz als Lebendigen und Wirkenden fühlte und verehrte. Darum wären Bezeichnungen wie Auswahl oder gar Modernisierung ganz falsch für dieses Buch, wie es hier vorliegt. Es ist die Wiederkunft eines Verschollenen, der nicht historisch gewürdigt, sondern lebendig erfühlt werden soll. Inwiefern dies gelungen ist, mögen die Sachverständigen prüfen; die Leser aber, die wir uns wünschen, mögen Eckharts rebellische und innige Weisheit, seine Weltversunkenheit und stolze Menschenschönheit empfinden und geniessen!

> Dies ist der Meister Eckehart,
> der auf ein Haar verbrennet ward.
> Buch, geh nun aus in seinem Namen.
> Und meide dumpfe Geister.
> Amen.

Lightning Source UK Ltd.
Milton Keynes UK
UKHW022129070722
405551UK00003B/76